日本の伝道を考える 2

和解の福音

上田光正

教文館

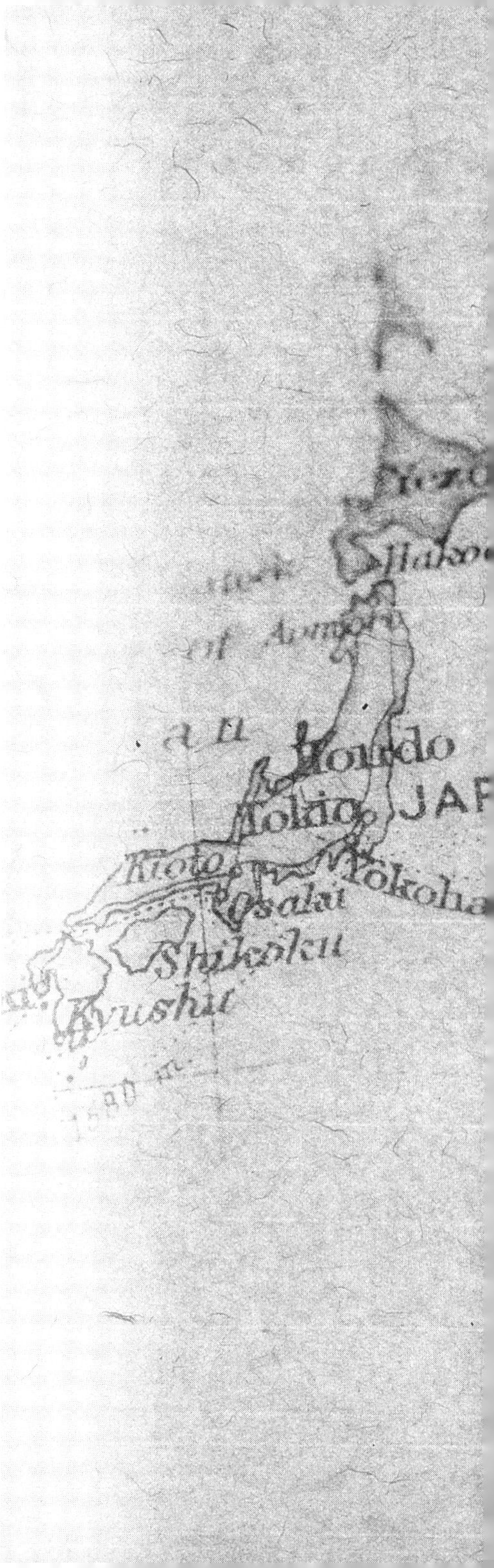

主はアブラムに言われた。
「あなたは生まれ故郷
父の家を離れて
わたしが示す地に行きなさい。
わたしはあなたを大いなる国民にし
あなたを祝福し、あなたの名を高める
祝福の源となるように」。

（創世記一二章一―二節）

はじめに

第1巻（『日本人の宗教性とキリスト教』）の主題は日本伝道をめぐる「環境」（または「状況」）についての考察でした。そこにおいてわたしたちは、われわれ日本人にとって、福音はいまだに「畑に隠された宝」（マタ一三・四四）であり、もう一度新鮮な思いで語り直されなければならないし、また、勇気と希望をもってそうすることが許されているという結論を得ました。それを受けて、本巻（第2巻）におきましては、「福音とは何であるか」という問題をもう一度明らかにし、それがどのような意味でこの国の人々にとって聴くに値する「喜びのおとずれ」であるかを明らかにする段となりました。その性格上、三巻の中では最も理論的な考察が展開される部分となります。続く第3巻においては、それらの考察を基にして、福音をどのようにわたしたちの同胞に語り、また、どのようにしてこの国に教会を形成したらよいかについて述べることになります。

はじめに、本書の叙述の概要と順序についてご説明します。

わたしたちは本書で、福音が「喜びのおとずれ」であることを明らかにしなければなりません。人間は、それが自分にとってのまさしく喜ばしい知らせであると痛感し、隣人にとってもきっとそうであるに違いないと確信できる事柄については、何であれ、隣人に伝えたいと願うからです。反対に、そうであると確信できない事柄については、どんなにそれが自分の義務であると分かっていても、それを伝えることにはあまり熱意が湧きません。ことに、日本の教会の信徒のことを考えた場合、救いの確信がなかなか持てないために、伝道ができない信徒が大勢います。そういうところで、いくら「伝道が大事だ」「伝道しなければ教会がつぶれる」と言ってみたところで、それは宗教家のエゴイズムのようにしか聞こえないのです。

それでは、福音が喜びであることを知るために、わたしたちは最低限、どれだけのことを知らなければならないのでしょうか。言い換えれば、どの点とどの点を明らかにし損なったら、福音がもはや「喜ばしいおとずれ」ではなくなってしまうのでしょうか。わたしは、第一には、救いが「恵みの選び」であることを知ることが極めて重要であると考えます。なぜなら、人間はまず自分が確かに救われているという確信が持てなければ、それを「喜ばしい知らせ」だとは思えませんし、信ずる喜びも湧きません。福音が喜びのおとずれであるという真の意義は、ようやく第2章で考察されることになりますが、その「喜び」の世界の中に自分が入っていて神の御国の民とされたという確信がなければ、すべては他人事となってしまいます。それゆえ、第1章の主題は「恵みの選び」ということになります。「恵みの選び」の教えは、本文で明らかにしますように、宗教改革の中心的主題であった「ただ信仰のみによる義認」の教えの徹底化であり、また、その中核となるものです。その意味において、この教えは人に救いの確信を与えるものです。それゆえ、カール・バルトという神学者は、「恵みの選び」の教理を「福音のスンマ（総括）」と呼びました(1)。わたしたちも同じように考えますので、これを本書の最初に置きたいと考えます。

次にわたしたちは、「罪と罪の赦しの福音」そのものの内容について知りたいと願います（第2章参照）。福音が「喜びのおとずれ」であるという真に奥深い意義は、わたしたちの罪がキリストの十字架によって赦免され、罪からの自由と共に、わたしたちに永遠の命の祝福にあずかる希望が与えられていることが鮮明となってこそ、初めて明らかになります。その意味で、キリストの十字架と復活の出来事が福音の中心であることは、申すまでもありません。そしてこの「罪の赦しの福音」は、同時に本質的に全世界に出て行って福音を宣べ伝える「神の国の福音」でもあります。

最後の第3章においては、この和解の福音を宣べ伝える教会が、その宣べ伝えの行為そのものによって、まさに神の喜びにあずかるということが述べられます。その際、そのような宣教の教会が最も本質的な意味で祈り願う祈りは、主が教えられた「主の祈り」であると言えましょう。この祈りがキリスト者の心の底から祈られる時、必ず愛と伝道の業が起こります。したがって、この祈りは伝道の最も内的な動機が何であるかを示し、また、それを形作ってくれます。特に、この中の最初の三つの祈り、「御名が崇められますように」と「御国が来ますように」と「御心が天に行われる通り、地にも行われますように」の祈りが、終わりの日を目指して伝道する教会の祈りであり、キリスト者の究極の祈りです。そのようにして、キリスト者は「天の父の子」（マタ五・四五）となり、教会は御国の福音を世に輝かせる光となります。

この最後の章で述べられた内容が、そのまま第３巻の土台を形成するものとなるでしょう。

目次

装丁　長尾　優

日本の伝道を考える2

和解の福音

第1章　「恵みの選び」の教えは福音にとってなぜ必要か

「予定論」（「恵みの選びの教え」）と聞くと、それは教会の分裂をもたらす以外の何ものでもないと考えるキリスト者が大勢います。特に、いわゆる「福音派」と呼ばれる教会の方々に多いようです。しかしそれは、ほとんどの場合、カルヴィニズム的な「二重予定説」（永遠の昔から、救いに選ばれた人と滅びへ棄却（または遺棄）された人が決まっているという教説）が忌み嫌われているだけのことです。しかしながら、この「二重予定説」は必ずしも聖書の教えそのものとは言えません。また、厳密に宗教改革者カルヴァンの教えであるとも言えそうにありません。(1)

他方において、主イエスご自身や旧・新約聖書はもちろんのこと、古今の偉大な神学者たちは――パウロにしろ、アウグスティヌスにしろ、宗教改革者のルターやカルヴァンにしろ、カール・バルトにしろ――皆それぞれにニュアンスは異なるものの、予定論は必要不可欠であり、もしこれを欠いたら信仰や神学は全く成り立たないと考えてきました。もちろん、聖書のあらゆる聖句も、したがって、救いを告げる恵みの福音全体も、神の永遠のご決意を背景にして語られています。この神の永遠のご決意を尊重してはならない理由はどこにもありません。ただ、その際わたしたちが警戒しなければならないのは、わたしたちが神のことは簡単に分かると誤解し、いつの間にか人間の抽象的な理論や思弁を神にまで当てはめ、救いの真理を曇らせてしまうことです。

そうならないためには、常に聖書に忠実に従うことが何よりも重要であり、そして、最も安全なことでしょう。すなわち、聖書が説く救いの論理構造を見損なうことなく、それに人間の論理を混入させないようにすることが肝要です。

わたしたちは、次の二つの聖句が端的に「恵みの選び」を語っており、そして、特に最初の聖句については、これを否定する御言葉は聖書の中には一つもないと考えます。第一の聖句は、主イエス・キリストご自身の、「あなたがたがわたしを選んだのではない。わたしがあなたがたを選んだ」(ヨハ一五・一六) です。第二は、「天地創造の前に、神はわたしたちを愛して、ご自分の前で聖なる者、汚れのない者にしようと、キリストにおいてお選びになりました。イエス・キリストによって神の子にしようと、御心のままに前もってお定めになったのです。神がその愛する御子によって与えてくださった輝かしい恵みを、わたしたちがたたえるためです」(エフェ一・四―六) です。前者は原理的なことを述べ、後者はより具体的に述べています。すなわち、選びは天地創造よりも前に位置づけられるべき神の御業のそもそもの初めであること、神はその選びのご計画に基づいて御子を世にお遣わしになり、アダムにおいて犯された罪を贖われたこと、それはわたしたちを神の子とし、御国の民とされた恵みをとこしえにほめたたえる者とするためであったことなどを。

本章の主題は、神がこのようなご計画を最初からお持ちであり、それを必ず実現なさるということを明らかにすることです。第1節では「神の恵みの選び」について述べ、第2節では、選ばれた者たちの務めについて考察します。

第1節　神の恵みの選び

たいていの信仰者にとって、福音を知らずに死んだ自分の家族や愛する者たちの救いは、真剣な問題であるに相違ありません。

しかしわたしたちは、天的な次元と地的な次元とを混同させてはなりません。そして、天的な次元を確保しておかなければなりません。このことは、わたしたちが本シリーズ第1巻で「神学の第一公理」として確立した事柄、すなわち、「神が神であって、初めて人間は人間であり得る」という神と人間の不可逆的順序から言っても、全く当然のことです。[2] したがって、最初に確認しておかなければならないことは、救いは不確かな人間の揺れ動く信仰や右顧左眄する思いや努力や熱心さ、その他その類のさまざまな人間的要素によって左右されるものではなく、また、伝道者の成功や失敗によるのでもなく、それらとは全く別の次元の、恵みと憐れみに満ちた神が「主」であられ、主権を行使し、その永遠のご計画に基づいて御業を成就される次元に属するということです。「次元が異なる」と申しますのは、神はこの世界の一部分ではなく、世界をその永遠のご計画に基づいて無から創られた永遠のお方なのですから、神がこの世界に対して働かれ、介入なさることはあっても、その逆の、この世界が神に対して原因となって結果を生むような働きかけは、キリストの御名による祈りの場合を別枠とすれば、一切ないということです。「従って、これは、人の意志や努力ではなく、神の憐れみによるものです」（ロマ九・一六）とある通りです。この神の次元に属することを、「選び」または「予定」「聖定」（〔羅〕decretum）などと呼びます。

わたしたちが伝道にたずさわる時、まずこの「恵みの選び」を確信し、一切を神の御心に委ねる信頼を学ぶことが、何よりも重要であると考えます。

ご承知のように、「日本基督教団信仰告白」はその第三段落の冒頭で、はっきりと、「神は恵みをもて我らを選び」と告白しています。ここで告白されている神の選びは、「恵みの選び」と呼ばれます。この呼び方は、「選び」の「主」が神であり、「選び」は純粋で一方的な神の「恵み」にのみ根拠（原因）を置くことを、強調した言い方です。

神の選びを考える時、人間の最大の関心事は、「一体この自分は本当に選ばれているのか。また、それをわたしはどのようにして自分に確信できるのか」という問いです。ご承知のように、近世のある時期、西洋の人々は熱心にこの問題を考えました(3)。しかし、神の選びはまず選び給う神から考えないと、それが「恵みの選び」であることが全く分からなくなります。選ばれる人間の方から考えると、神が「主」であることがぼやけるだけでなく、何よりも、イエス・キリストの恵みがぼやけてしまうからです。その結果、「二重予定説」「運命論・宿命論」「ファリサイ主義」「万人救済説」などの誤謬に陥るのです。

以下わたしたちは、選びが「恵みの選び」であることを明らかにしたいと考えます。

1 「恵みの選び」は信仰に基づく認識である

「恵みの選び」について論ずるいわゆる「予定論」は、極めて特殊な（そう言ってよければ、「特異な」）認識です。なぜなら、それはキリストの恵みを受け入れた者だけに許されている信仰的認識だからです。主イエスは、「あなたがたがわたしを選んだのではない。わたしがあなたがたを選んだ」（ヨハ一五・一六）と語られました。この「わたしがあなたがたを選んだ」という御言葉の中に、神のあらかじめの決定（聖定）のすべてが語られています。すなわち、この「あなたがた」とはキリストの恵みを受け、神を「父よ」と呼ぶようになった者たちのことです（ロマ八・一五参照）。彼らは自分で神を選んだのではなく、自分は神によって「選ばれ」、ある時御霊によってその「認識」を与えられたゆえに、救いの奥義が「認識」できるようになった者たちです。したがってその認識は、全く特殊で特異な認識と言わなければなりません。言い換えれば、神の恵みにまだあずかっていない者は、神の予定については何ごとも認識し得ないということになります。

さて、この「恵みの選び」の認識が、いわゆる「二重予定説」として展開されることが不適切であるのは、次のような理由によります。「二重予定説」とは、選ぶ神よりも選ばれる人間の方に注目し、神が永遠の昔からある人々を救われる者へと「予定」したからには、論理必然的に、残りの人々は捨てられ、滅びる者へと永遠に「予定」されているはずだという推論を展開します[4]。しかしこの推論の中には、神による人間の過失や罪への予定（praedestinatio ad delictum, sive ad peccatum）が含まれておりますので、神が悪の創始者（Auctor mali）であることが帰結されかねません。聖書の神観にもふさわしくないものです。なぜこのような不適切な言い方が出るかと言えば、それは救いの恵みを受けた者の特殊な立場からではなく、いつの間にか一般的な、何らかの客観的・第三者的な立場から信仰者および不信仰者を俯瞰しているからです。しかし、そもそも「予定」は神の永遠の秘義であり、人間がほんの少しでもそれについて考えようとする時、このような客観的立場に立つことは許されません。なぜなら、神と人間との両者をそのように俯瞰する立場は、いつの間にか自分が神よりも上に立ってしまう危険性がはなはだ大きいからです。それが教派分裂の元凶となったのも当然です。

わたしたちがそのような、本来立ち得ない立場に立とうとするとき、わたしたちは「運命論」や「宿命論」に陥るか、でなければその反対の、高慢な「ファリサイ主義」に陥る危険性があります。いずれの場合にも、恵み深い神への正しい「畏れ」や「感謝」や「賛美・頌栄」ではなく、絶対者なる神への「恐怖」しか生まれません。神の聖定が「恐るべき決定」（decretum horribile）と呼ばれて誤解されてきたゆえんです。「恵みの選び」の教えは、後に述べますように（本節第2項参照）、わたしたちに救いの確信を与え、神への感謝と讃美、そして、献身と伝道への熱意を生む時にだけ、正しく理解され、推論された、と言えます。また、そのように理解され、それにふさわしい仕方で宣教内容の骨格が形成されるようになった時に、教会の講壇は一段と強められ、讃美の歌声はますます会堂に満ち溢れるでしょう。また、信仰者が選ばれた神の民であるという自覚をもち、国家社会の圧力に屈することもなくなるでしょう。

反対に、それが理解されなかったり、誤解されたり、語られなくなったりした時に、わたしたちの救いの確信は弱まり、わたしたちは世の中の流れに押し流されやすくなってしまうのです。

2　それは「信仰義認」の教えの徹底化である

もう少し、なぜ予定論は「二重予定説」の形態をとり得ないのかを、内容的に考えたいと思います。恵みの選びの教えは、聖書的に考えれば、神の全知全能や永遠性、不変性などの、神概念に関する抽象的な思弁や思索から出たものではなく、プロテスタント教会にとって最も枢要な「信仰義認」の教理の徹底化として初めて理解されます。(5)

ご承知のように、プロテスタント教会は救いの実質的な要件として、人間の側の行いや関与は一切考慮に入れず、ただ一方的な神の恵み（すなわち、キリストの贖罪）だけを考えます。換言すれば、救いは人間の一切の肉の働きや業ではなく、したがって、どのような意味でも、人間の「功績」（〔羅〕meritum. すなわち、神が人間の中に見出す何らかの「御心に適うこと」）によるものではなく、神と人間の協同作業によるものでもなく、純粋に一方的な神からの「自由な恵み」によるものです。「わたしは憐れもうと思う者を憐れみ、慈しもうと思う者を慈しむ」（ロマ九・一五、出三三・一九、三四、三六など参照）とある通りです。この純粋で一方的な神の恵み、すなわち、神から与えられる義を受け取る受け取り方が、「ただ信仰のみ」であるので、ここに「信仰義認」の教えが成立するということは、一応プロテスタント教会の「常識」に属します。言うまでもなく、この場合の罪人を義とする「信仰」は、人間の肉から出た「信心深さ」や「敬虔さ」や「宗教心」のような人間の「業」ではなく、ただ聖霊なる神のみが罪人の中に創造してくださるものです。

ですから聖書では、信仰によって救われたことを論ずる文脈の中で、さらにその認識を徹底していくと、「あなたがたの救われたのは恵みによるのです」（エフェ二・五）という言表となります。わたしたちが神の聖定について考える場合には、常にこの「神の自由な恵み」をその中心に据えて考えなければなりません。

この場合、「神の自由」とは、神ご自身の最も内奥から清い泉のように溢れ出た、主権的で王的な自由を意味します。それ故わたしたちは、神の自由を人間の気まぐれで恣意的な自由と混同したり、そこから類推したりしてはなりません。それは神の一時の気まぐれや出来心のような、後で訳もなく簡単に変えられるようなものではありません。また、他から強制されたものでも、自らの内的な自己矛盾や自己分裂によるものでもありません。したがって、後で変更や撤回を余儀なくされることはありません。それは、神のみが持つ至高のもの。わたしたちがそれに依り頼んで生きることができるものです。「主の霊のおられるところに自由があります」（二コリ三・一七）とあり、「真理はあなたたちを自由にする」（ヨハ八・三二）とあり、この「自由を得させるために、キリストはわたしたちを解放してくださったのである」（ガラ五・一、口語訳）とある通りです。

神はその王的な自由によって、わたしたちを一人の「人格」として扱い、愛されます。そして、母の胎に宿る前から選び、この地上に生まれさせ、御霊によって教会へと導き、キリストを信じさせ、バプテスマの恵みを与えられたのです。神はさらにわたしたちの信仰を死に至るまでお守りくださり、世の終わりには墓の中から甦らせ、永遠の御国へと招き入れてくださるでしょう。これらすべては、父・子・聖霊なる三位一体の神の自由な恵みによる「聖定」であることを強調しているのが、「恵みの選び」の教えです[6]。

したがってこの教えは、人間の救いを人間の品性や熱心さや行いの正しさに多少なりとも依拠させてしまい、再びわたしたちを律法主義の虚しい誇りやその反対の運命論・宿命論による地獄の恐怖に陥らせることから守るためのものです。つまりこれは、プロテスタント教会の至宝である「信仰義認」の教えの中核にある、最も福音的な教えと内容的に同じものなのです。

3　誰が救われ、誰が滅びるかは人間には予知できない

次に、「二重予定説」のつまずきに陥らないために最も大事なことは、神の完全に自由な憐れみのみが選びの唯一の根拠であるからには、だれが救われ、だれが滅びるかは、完全に神の次元に属する事柄であり、終わりの

日の審判の時まで、人間には予知することができないことを知ることです。

実際、この地上においては、そもそも全く御言葉を聴けない人も大勢いますし、また、御言葉を聴いた人の全員が御霊を受けるわけでもありません。一度聴いてすぐに救われる人もいれば、何十年も時間がかかる人もおり、死の間際になってようやく救われる人もいます。それらは皆、神の自由なご配剤の中で起こる、人知をはるかに超えた事柄です。したがってわたしたちは、誰が救われるかは、終わりの日までは、ただ神だけがご存じであるという「不可知論」に留まるところからしか、神の聖定について正しい認識を展開することはできません。それは神の自由な主権に属する御業であり、奇跡ですから、誰にも予知はできません。選びとは、本来選ばれるに値しない罪人が選ばれるという「奇跡」です。この奇跡に対して誰も思い上がるべきではなく、むしろ、深く畏れるべきなのです（ロマ一一・二〇参照）。それをあたかも、人間にも結果が予測できるかのように考える軽薄さの中に、予定論をめぐるほとんどすべての過ちや迷走が生じます。

ただし、この「不可知論」は、神の最も奥深い奥義（神秘）に関する不可知論です。「ああ、神の富と知恵と知識の何と深いことか。だれが、神の定めを究め尽くし、神の道を理解し尽くせよう」（同一一・三三）とパウロが証言している通りです。それ故この不可知論は、神を知る知識の中でも最高の英知に属する、「無知の知」とも呼ぶべきものです（一テモ六・一六参照）。それは、他の一切の神学的認識の最初にある「畏れ」と共にあるべき叡智です。「主を畏れることは知恵の初め」（箴一・七）とある通りです。

それ故この不可知論は、自分自身はもちろんのこと、自分の家族や愛する者の「救い」だけでなく、その「滅び（棄却）」の可能性をも含め、一切をただ「神の恵みの選び」のみに委ね、その神の義と愛と憐れみに深く依り頼むところから生まれます。このような神への無条件の信頼を、プロテスタント教会は「勇気ある信頼」（fiducia）と呼びました。[7] そして、人はこの信仰によってのみ義とされると告白しました。これが、「信仰義認」の教えの実質的な内容です。

このようなわけで、誰が、またどのような人が救われ、滅びるかは、一般的な意味では、誰も予知できません。「人の心を探り知る方」（ロマ八・二七、口語訳。なお、黙二・二三参照）は、ただ神のみです。わたしたち人間には、自分を含め、誰が神に喜ばれるだけの信仰を持っているかは、誰にも分かりません。誰も神の立場で判断することはできないからです。詩人もまた、「神よ、わたしを究め／わたしの心を知ってください」（詩一三九・二三）と謳っています。したがって、どんな人が救われ、どんな人が滅びるのか、どのような信仰生活・教会生活をし、どのような心掛けで生涯を終えた人が救われるのか、また、果たして全人類が一人残らず救われるのか、それとも、救われる人は極めて少ないのか、われわれ人間が勝手に決めることはできないのです。主は「刈り入れまで、両方とも育つままにしておきなさい」（マタ一三・三〇）と言われました。この御言葉は、いわゆる「見える教会」（「見える教会」「見えない教会」については、後述第2章第4節第3項参照）の中に滅びる人がいるかもしれないし、その外にも大勢の救われる人がいるかもしれない、と解釈すべきでありましょう。

4　神は罪人を純粋な憐れみによって救われる

ただし、神は永遠の昔から何らかの決断をしておられること自体は、否定されるべきではありません。神が無意識・無責任に天地創造を始められたとは考えられないからです。

わたしたちはその具体的な内容を聖書から学ぶ前に、まず、神はどのような決定を為さったとしても、それはいささかも神の不義や不公平を意味しないということを確認しておきたいと考えます。

予定説の議論でしばしば起こる躓きは、同じ人間として造っておきながら、一方を救いへ、他方を滅びへとお選びになる神は不公平であるという理屈から生じます。また、このつまずきを避けるために、神は結局、すべての人間をお救いになるはずだというう いわゆる「万人救済説」に陥ることもあります。これらはいずれも誤りです。この二つの誤解とも、自分を第三者的な、客観的な立場に立てるかのように考え、神の次元を人間の次元に引きずり下ろして裁くことから起こります。

使徒パウロは、選びの信仰について主題的に論じたローマの信徒への手紙九―一一章で、最初にこの質問を取り上げています（ロマ九・一四）。そして、まず、神が人間を善い者、完全な者としてお造りになったのに、人間の方が神の溢れるご恩寵のただ中で罪を犯したわけですから、神には人間をお救いにならなければならない義務も責任もないと答えています。したがって、それにもかかわらず神が人間をお救いになられるとすれば、それは全くただ純粋に神の自由な憐れみと慈しみによるということが、パウロの答えです。「従って、これは、人の意志や努力ではなく、神の憐れみによるものです」（同九・一六）。したがって、「神は不公平だ」とか、「不義だ」という非難は、最初から当たっていません。

この答えはまた、聖書全体の基本的な答えでもあります。聖書は繰り返し、神が人間（具体的に言えば「罪人」）をお救いになるのは、常に「わたしは恵もうとする者を恵み、憐れもうとする者を憐れむ」（出三三・一九、三四・六―七参照）のがその唯一の動機であると述べています。これは、相手がどうあるかには一切左右されない自由な「憐れみ」によるということです。

5　神の憐れみを、キリストにおいて知る

最後にわたしたちは、「選ばれる人間」の方にも注目し、それでは神はだれをお選びになったのかを、ご一緒に考えたいと思います。すなわち、聖書に「神はわたしたちを……キリストにおいてお選びになりました」（エフェ一・四）と記されている聖句についてです。

わたしたちは本節の冒頭から、「救われた者の立場」とも呼ぶべき特別の立場が厳存し、それに基づく特殊な（または、特異な）認識、すなわち、啓示に基づく認識が存在すると述べてきました（本節第1項参照）。この特殊な認識とは、パウロが「この霊こそはわたしたちが神の子供であることを、わたしたちの霊と一緒になって証し

してくださいます」（ロマ八・一六）と証ししているように、聖霊が信仰者に「個人的に」、その内なる心に（そう言ってよければ、「秘かに」、いわばその祈りに応える形で）与える内的な証しによるものです。これを、神学では「聖霊の内的証示」と申します。

わたしたちにとって何よりも確かなことは、神がキリストの十字架において「憐れみ深く恵みに富む神、忍耐強く、慈しみとまことに」（出三四・六）満ちておられるとご自身の「名」を啓示されたことです。信仰者は基本的には神の立場には立ち得ず、絶対的な意味では、誰一人として終わりの日までは、自分の名前が「命の書」（出三二・三三、黙三・五その他）に記されているかどうかは分かりません。しかし、神が罪人を憐れまれるその憐れみの「道筋」は、啓示されています。その道筋とは、イエス・キリストの十字架において出来事となった神の「自由な憐れみ」のことです。しかもわたしたちは、「聖霊の内的証示」によって、その対象の中に自分が置かれていることを、人間に許された範囲内での確かさにおいて、個人的に確信することが許されています。その救いの確かさは、わたしたちがキリストのゆえに、神を「父よ」と呼ぶことができることの中に与えられています。神を「アッバ、父よ」と呼ぶ人は、聖霊を与えられているからです。「この霊によってわたしたちは、『アッバ、父よ』と呼ぶのです」（ロマ八・一五）とある通りです。そして、すべて御霊を与えられている者は、すなわち神の子であり、永遠の命を嗣ぐ者です（同八・一六以下参照）。それゆえ、神に対して確信を抱くのです。「神はわたしたちに、ご自分の霊を分け与えてくださいました。このことから、わたしたちが神の内にとどまり、神もわたしたちの内にとどまってくださることが分かります」（一ヨハ四・一三）。したがって、この自分自身の救いについては、決して〈絶対的に〉ではありませんが、〈人間にとって必要にして十分な程度において〉確信し、それに基づいて生きることも、神について同様に、〈必要にして十分な程度において〉語る（神学する）ことも許されていると考えることができます。(8)

以上のことから、「神はわたしたちを……キリストにおいてお選びになりました」（エフェ一・四）という聖句の「わたしたち」とは、神がまずキリストを選び、キリストに付け加えて選ばれた信仰者一人ひとりのことであると理解されます。この場合の「キリストにおいて」（エン・クストー）とは、この言葉の原義から解釈するならば、「キリストに結ばれて」、または、「キリストに付け加えて」という意味になります(9)。

その意味において、神が本来的に決意されたのは、御子イエス・キリストにおける十字架の死でした。すなわち、「神の聖定」とは、根源的な意味では、十字架への御決断でした。したがってそれは、神ご自身のご自分に対する決意、神の自己決定であると述べることもできます。実際のところ、全知全能の神が天地万物とその中の人間をお造りになるに当たって、人間がいつか必ず堕落するであろうことは、先刻ご承知であったはずです。神が結果も考えず、無責任に天地万物を創造なさったことは考えられないからです。だとすれば、神はご自身の御子を十字架にお掛けになるという根源的なご決意に基づいて、天地創造の御業を為されたと考えるのが至当でしょう。

以上のことから最初に言えることは、神が選んだ人間とは、原初においてはイエス・キリストであり、他の人々は皆、彼に「付け加えて」選ばれたにしか過ぎないということです。実際、天地創造以前には、ただ三位一体の神しかおられません。神はご自身の御子を人類の「長子」と定められ（ロマ八・二九）、この長子に付け加えて、さらに「キリストに結ばれた」わたしたちを選ばれたということになります(10)。

ここで大事なことは、神の永遠の聖定は決して抽象的・第三者的に論じられてはならず、その道筋が歴史的・具体的なイエス・キリストにおける「具体的決定」（decretum concretum）（カール・バルト）として明らかに啓示されていることです。神の聖定とは、抽象的な「恐るべき決定」（decretum horribile）ではありません。キリストにおける「具体的決定」です。すなわち、神はご自身の十字架を決意することによって、さらに聖徒たちを「キリストに付け加えて」選ばれたという使信です。「神はあらかじめ定められた者たちを召し出し、召し出した者たちを義とし、義とされた者たちに栄光をお与えになったのです」（ロマ八・三〇）と記されている通りです。この点さえしっかり押さえておけば、それに対する人間の態度が一義的に「畏れ」(「恐怖」ではありません)と「感謝」と「喜び」と「賛美」しかなく、そこから「希望」と「伝道への情熱」が湧いてくることが当然理解されます。

繰り返し申しますように、信仰者は絶対的な意味では自分が選ばれているかどうかは、終わりの日まで分かりません。しかし彼は、この無知によっていささかも不安や動揺にさらされることはないのです。なぜなら、彼は神の御霊によってキリストの愛を知らされていますので、神が何をなさろうとも、神は神が御心に定められたことを、したがって、わたしとこの世界にとって最善のことを、罪人であるわたしたちの益となるようにしてくださると神に対して動くことのない「確信」を持たしめられているからです。「神を愛する者たち、つまり、ご計画に従って召された者たちには、万事が益となるように共に働くということを、わたしたちは知っています」(同八・二八)とある通りです。このように、自分や自分の親しい者たちの「選び」をも「棄却」をも一切無条件に神に委ねる信仰を、神は「義」と認められ、すなわち、わたしたちと神との正しい秩序関係(義)が回復し、あの「神学の第一公理」[11]が満たされていると認められて、わたしたちは「義」と認められ(救われ)ました。この「ただ信仰のみによる義認」によって、わたしたちキリスト者は、「どんな被造物も、わたしたちの主キリスト・イエスによって示された神の愛から、わたしたちを引き離すことはできないのです」(同八・三九)と確信でき、栄光を神に帰することができます。「ああ、神の富と知恵と知識のなんと深いことか。だれが、神の定めを究め尽くし、神の道を理解し尽くせよう……栄光が神に永遠にありますように、アーメン」(同一一・三三、三六)、と[12]。

6 救われた確信を堅持し、隣人の救いのために祈るべきこと

神は永遠において、既に十字架の救いを決意しておられました。そして、この永遠の決断に基づいて天地万物

を創造され、原罪を負った罪人であるわたしたち一人ひとりを救いへと招かれ、終わりの日に御業を全うされます。これらのことは皆、神の救いの「奥義」[13]として信仰者に啓示されています。これが、福音の文字通りの中核に他なりません。したがって、福音を宣べ伝え、十字架について語る時に、どこかで神の恵みの選びを説く必要があります。すなわち、「すべてこれらの事は、神から出ている」（二コリ五・一八、口語訳）こと、「あなたがたがわたしを選んだのではない。わたしがあなたがたを選んだ」（ヨハ一五・一六）ということを、明白に説く必要があります。

それでは、この「聖定」に対して、わたしたち人間はどのような態度を取ることがふさわしいのでしょうか。答えはただ一つ、「信ずること」です。神の選びには、ただ聞いて信じる信仰のみが唯一の正しい対応だからです（ロマ一〇・一〇、一四）。それはちょうど、仏教の神髄が「一切階空」の「法」を悟って解脱を得ることだと説かれているのと同じように、自分の選びを確信することが福音信仰の神髄だと言って少しも差し支えありません。なぜなら、それはキリストの十字架が自分のためにもあったことを確信し、神の招きを受け入れることだからです。

わたしたちはそれゆえに、自分が神の子とされていることを疑わず確信するべきです。なぜなら、聖書は「この霊（すなわち、聖霊）こそは、わたしたちが神の子供であることを……証ししてくださいます」と証ししています（ロマ八・一六、ガラ四・六、創二八・一五など参照）。そして、「今日、御声を聞いたなら……心をかたくなにしてはならない」（ヘブ三・一五、口語訳）と勧められています。

この確信は、日本のキリスト者に最も欠けているものであると考えますので、これについて、三点にわたって詳述したいと考えます。

(1)この確信は、神が御霊により、信仰者各々に与える「霊的な確信」です。したがってそれは、神が彼の心の

「内に」「秘かに」、そう言ってよければ、「個人的に」与える確信です。換言するならば、それは次のような三段論法から一般的・抽象的に導き出される確信ではありません。すなわち、

大前提 「洗礼を受け、死ぬ時まで教会を離れず、良い行いをした者は救われる」
小前提 「わたしは現に洗礼を受けており、きっと最後まで、教会生活を忠実に守り、良い行いもするだろう」
結　論 「故に、わたしは多分救われるだろう」

このような、教会の中に二〇〇〇年の間はびこってきたいわば「世俗的三段論法」（syllogismus mundialis）からは、決して動くことのない確信や喜びは生まれません。なぜなら、そこでは御霊によってキリストを仰ぎ見る信仰が欠けており、依然としてきょろきょろと世の中を見回し、自分自身を吟味しているだけだからです（マタ一四・二二以下参照）。実際、上掲の「大前提」は、世の中の通説をそのまま前提にしているにしか過ぎません。「小前提」は、自分自身を観察して自分で勝手に自分を査定している（つまり、義としている）だけです。いずれも不確かな前提で、信仰とは無関係ですので、「結論」も不確かなものでしかないのです。そしてそこからは、他人を裁く宗教的な誇りが生じます。

しかしながら、キリスト教信仰とは、世間を見回したり自分自身を見つめたりするのではなく、キリストを仰ぎ見て御霊の証しを受け入れることです。自分自身への注視は、いつまでも中途半端な疑いや優柔不断の中に留まることになります。

宗教改革者のルターは、まだエルフルト修道院にいた頃、このような世俗的三段論法に悩まされ、自分自身の救いについて（上掲の「小前提」参照）絶望的な苦しみの中をあえいでいました。親鸞の「とても地獄は一定す

みかぞかし」（歎異抄第二段）とほぼ同じような谷間をさまよっていました。この若い修道僧の魂の告白を聴いた修道院長のシュタウピッツは、「人はただ一人の人、キリストと呼ばれるお方を見つめなければならない」（Man muß den einen Menschen ansehen, der Christus heißt）とルターに助言したそうです。ルターはこの一言によって暗闇から明るい光の中へ抜け出ることができました。晩年彼は、「わたしはすべてをシュタウピッツに負うている」とさえ述懐しています。確かにここには、キリスト教信仰の神髄が語られています。

ところで、この「キリストを信じて救われる」という福音は、この上なく単純な福音であるだけに、我々罪深い人間には極めて到達困難な一面があります。それは信仰の「奥義」（エフェ一・九）に属することだと言われます。なぜなら、人間は上掲の「大前提」にも「小前提」にも、至って心が奪われやすく、惑わされやすいからです。

真の救いの確信は、信仰者が長い教会生活の中で「ただ信仰のみによる義認」という単純なメッセージを繰り返し聴き、噛みしめ、味わい、次第に（つまり、しかるべく必要な時を経る中で）上掲の「大前提」や「小前提」から清められてキリストを仰ぎ見るようになる中で、初めてつちかわれる種類の確信です。そうなれば、彼はいよいよますます神への感謝と信頼をまし加えられ、熱心な教会生活をし、御霊の指導に服し、伝道と愛の業に励むようになるでしょう。

毎聖日の講壇は、聖書全巻を通し、信徒がいよいよ深くこのような確信へと導かれるよう奉仕するものでなければなりません。(14)

(2)この確信は、曖昧でたえず揺れ動く自分を信頼する信仰ではなく、神に信頼するゆえに、動くことのない、「王的な確信」と呼ぶことができます。なぜなら、彼は神が彼の中に創られた信仰によって、神の「子」（希ヒュイオス）とされたからです。彼は神を「父よ」と呼び（ロマ八・一六）、エルサレムの宮殿に出入りし（黙二一・二参照）、天を自分の本国（フィリ三・二〇参照）とする人です。なぜなら、神との交わりに入れられ、その命である永遠の命に与ることは、端的に言って喜びだからです。それゆえに、「主において常に喜びなさい。重ねて言います。喜びなさい」（フィリ四・四）と語られています。

また、このような喜びと確信を与えられた人は、どんなに弱い人であっても、「わたしはここに立つ」（M・ルター）と言うことができるようになります。[15] なぜなら、この「イエス・キリストという岩」（マタ七・二四以下参照）こそは、信仰者がその上に立ち、襲い掛かるさまざまな肉の誘惑と戦い、世の力や強大な国家権力とも対峙することができるものだからです。「神から生まれた人は皆、世に打ち勝つからです……誰が世に打ち勝つか。イエスが神の子であると信じる者ではありませんか」（一ヨハ五・四―五）とある通りです。「死も、命も、天使も、支配するものも、現在のものも、未来のものも、力あるものも、高い所にいるものも、低い所にいるものも、他のどんな被造物も」（同八・三八―三九）、キリスト・イエスにおける神の愛から彼を引き離すことはできません。したがって彼は、「あらゆる艱難の中にあっても忍耐し、自分の救いについて不必要な恐れや思い煩いを抱かず……こころを高く上げて歩む[16]」ことができます。このような確信は、「王的な確信」と呼んでよいものです。[17]

(3)この救いの確信は、一方においては前述の通り、「王的な確信」と呼ぶべきものですが、他方においては、極めて謙遜な「僕（奴隷）的認識」と呼ぶべきものです。

なぜなら、神が罪人なる自分を神の子とし、御国に入れてくださったことは、どこまでも神が自分を憐れみ、「奇跡」を行ってくださったことであると認識しているからです。例えばそれは、パウロにとって、生涯変わらず、「わたしは、その罪人の頭なのである」（一テモ一・一五、口語訳）という認識と不可分でした。したがって、「誇る者は主を誇れ」（一コリ一・三一）と言われています。

それゆえ、この確信は自分の信仰についての自信や、自分の熱心さからくる自己信頼などとは全く関わりがありません。もちろん、「わたしはこれだけ神と教会のために尽くしてきたのだから、救われるに違いない」というような、聖職者や教会の重要な働きをした人たちが陥りやすい世俗的三段論法とも無縁です。

キリスト者は神に対しては、自分が御言葉の下にあり、したがって、福音の下にあると同時に、律法（戒め）の下にもあることを知っています（一コリ九・二一参照）。彼は「善悪の知識の木からは、決して食べてはならない。食べると必ず死んでしまう」（創二・一七）という戒めの下に再び置かれたことを感謝のうちに受け入れ、すべての善悪を自分で判断せず、喜んで神に従おうとするでしょう（この木は、実に神の園の真ん中、「命の木」の傍らに植えられているのです！）。また、隣人に対しては、自分だけが選ばれた特権的貴族階級に属するものであるとは決して思わず、隣人に仕え、愛し、その幸いを願い、神の恵みと憐れみを指し示すことに尽力するでしょう。彼は、自分が神の大いなる救済史の中で召されていることを次第に自覚します。そして、すべての者の「僕」であることを喜びます。

最後に。神はもちろん、「自分の救いは全く確かだから、何をしても許される」という肉の思いを断罪なさるでしょう（ロマ六・二、一五、七・七など参照）。また、「すべての人は結局救われる」という、いわゆる「万人救済説」をも忌み嫌われます。「万人救済説」は、人間が自分を神よりも上に置いた時にしか出てきません。そしてそれは、人間には許されていない推測を展開することとなります。「万人救済説」では、当然予想されますように、祈りも、伝道も、キリスト教倫理も、全く意味と真剣さを失います。それは、誤解された二重予定説と同様非常に危険なものです。教会はこれを異端としてきました[18]。

第2節　恵みの選びを受けた者は、歴史の中でどのような務めを持つのか

以上によって「恵みの選びの信仰」の内容は理解されたものと考えます。次にわたしたちが考えたい事柄は、

この信仰を与えられた者、すなわち「キリスト者」が、歴史の中でどのように生きるべきかについてです。具体的に言えば、伝道の務め（第1項参照）と、信仰の継承の務め（第2項参照）についてです。

1　伝道の務め

「恵みの選び」の信仰から「伝道」へは、最も太い一本の直線でつながっています。

もちろん、恵みの選びを信じることからは、キリスト教信仰に関するあらゆる良いことが生まれます。なぜならそれは、自分が神の命である永遠の命に入れられ、御国を嗣ぐ者とされたことを知ることであり、天上の喜びに今既にあずかるようになることだからです。すべてのことは――悔い改めも、キリスト者の自由も、神への愛も、隣人愛も、感謝と喜びも、教会形成も礼拝も神学も、聖化の生活も祈りも伝道も終末待望も、そして、キリスト教倫理も社会参加も、すべてがこの選びの確信から生まれます。しかし、その中で――途中に幾つかの中間項があるかもしれませんが――最終的に最も太い線で結ばれるものは、やはり、「選びの確信」から「伝道」へとつながる線ではないでしょうか。逆に言えば、もし「恵みの選びの信仰」から「伝道」へと至る最も太い線がぼやけるか、あるいは消滅してしまうならば、他の一切のものはすべて意味を失い、空虚で偽善的なものとなってしまうのではないでしょうか。

このことを証明することは、実に容易です。なぜなら、わたしたちの伝道の業によって自分が救われることが無限の喜びであるように、隣人が救われることもまた、「天にある大きな喜び」にあずかることだからです（ルカ一五・一〇参照）。別の言い方をすれば、救われることは、端的に言って、三位一体の神の喜びに満ちた命と交わりが溢れ出て、わたしたちにまで伝わったことです。同様に、伝道とは、その神の命と交わりがわたしたちを経てわたしたちの隣人に、さらには、この世の津々浦々にまで伝達され、そこに神に立ち帰り、神を礼拝・讃美する教会が形成され、御国の約束が成就することです。この「喜び」の流れの中に自分も浸されることが、信仰の喜びであり、生きる喜びです。そしてそれが、教会の「命」です。

個々のキリスト者もまた、この喜びがあって、またその喜びにおいて、初めて「命」があり、彼の「自己同一性」（self-identity）が確立されます。またそれらは、この神の救済史に自分自身も積極的・能動的に参与することの中で、初めて存続します。つまり、この「自己同一性」は、静的（スタティック）なものではなく、「命」なのですから、動的（ダイナミック）にのみ存在するものです。喜びと伝道、伝道と喜び。この二つは不可分です。この喜びを知った者は、自分の隣人や愛する祖国日本の同胞たちのために熱心に祈り、御国建設に励む者となるに相違ありません。

逆に言えば、もし反対に、神の愛が彼のところで淀み、せき止められるならば、それは神の愛の本質に反することですから、彼自身がいつの間にか流れの外に置かれ、取り残されることになりましょう。たちまち救いの喜びは失われ、信仰に関する一切のことは、たちまち空虚で偽善的なものとなってしまいます。彼の「自己同一性」も失われます。

教会についても同じです。伝道しない教会は、救いの喜びを失った教会です。そうなれば、もはや「人々に踏みつけられるだけ」（マタ五・一三）となってしまうでしょう[19]。

以上のように考えて参りますと、わたしたちが神を愛し、畏れ、その御心を何よりも重んじ、神のみ栄のために生きようとする時、わたしたちにとっては救済史の成就（具体的に言えば、教会形成と伝道）が何よりも重要であり、それこそがこの世にあって既に「永遠の命」に生きることと同じであることが分かります。

神はアブラハムを選ばれ、彼を祝福し、彼を通して全人類が祝福されるようにと、彼を「祝福の源」とされました（創一二・二）。これが具体的な「救済史」の始点です。わたしたちがキリスト者とされたことは、このアブラハムの子孫として選ばれ（ロマ四・四・二四、ガラ三・二九）、同じように救済史の一翼を担い、「祝福の源」とされたことを意味します。つまり、キリスト者は「福音の前進」（フィリ一・一二）のために選ばれ、教会形成と伝道に励むべき務めがあるということです。

世の中の流れから言えば、伝道をしなくても働けば生きていけますし、働かなければ死にます。この世の流れ（「世俗」）のことを、聖書では「労働」と「結婚」という二つの言葉で象徴しています（創二一・一五、一八、二四参照）。主イエスも「食べたり飲んだり、めとったり嫁いだり」（マタ二四・三八）と言われました。これは世界史が存続するためには必要ですが、しかし、この意味での「世俗」にはそれ自体としての目標がなく、内実が空虚で、「救済史」の進展なしには全く意味を失うことは、すでに明らかにした通りです。[20]

2　信仰の継承の務め

次に第二に、意外に忘れられやすいことは、わたしたちキリスト者には信仰の継承という大事な務めがあるということです。このことの重要性は、伝道が必ずしも常にとんとん拍子にうまくゆくわけではないこと、歴史の中では「悪い時代」（エフェ五・一六）もあること、そして、自分がいずれは死ぬことを考えれば、すぐに分かるはずのことです。なぜなら、わたしたちはどのような時であっても、神の選びの民の一人とされたことの中に自分自身のアイデンティティ（self-identity）を持ち、「祝福の源」とされています。そして、どのキリスト者も、「主イエスを信じなさい。そうすれば、あなたも家族も救われます」（使一六・三一）との約束を信ずる信仰へと招かれています。それゆえに、この祝福が実現するため、「祝福の源」とされた自分の役目が死後も歴史の中を必ず継承されるように見守ることが、非常に大切なのです。具体的に言えば、家族伝道と自分の教会の形成です。

旧約においては、これらは文字通り、イスラエルの信仰の継承として理解され、男子は生まれて八日目に「割礼」を受けることが親の義務とされました。「割礼」とは、自分が神の民の一員であることを自覚させ、心が神の恵みに対して「かたくな」にならず、敏感になるための儀式です。[21]神はアブラハムに、家令のエリエゼルが彼の養子となることを許さず、「あなたから生まれる者が跡を継ぐ」（創一五・三）と言われ、一人子イサクから空の無数の星、海の真砂のように数え切れない子孫が生まれることを約束されて、そのしるしとして「割礼」の儀式を定められました（同一七・一〇以下参照）。したがってこれは、単に古代中東民族で一般的であった宗教儀式とは異なり、神の恵みに対して敏感な者となるための儀式です。わたしたちも、この約束を受け継いで洗礼を受け、「アブラハムの子」とされました。

神がアブラハムに「あなたから生まれる者が跡を継ぐ」（同一五・四）と断言されたのは、彼の信仰が確実に継承されるためです。アブラハムはこれを受け、独り子イサクの嫁を選ぶに際し、カナンの娘からではなく、一〇〇〇キロも隔たった故郷ナホルの町の、一族の中から選ぶようにと家令に自分の腿の間に手を入れて誓わせました（同二四・二以下）。近くにいるカナンの娘なら、カナン人とも平和な関係を結べ、安全保障上は最も望ましかったでしょうが、神は「エクソダス」を遂げたアブラハムを通して御国建設をもくろまれ、リベカのような、アブラハムの信仰を確実に後代へと継承させる女性をイサクの嫁として選ばれました。そのようにして、「祝福の源」とされた「聖なる種子」（イザ六・一三）の歴史が断ち切られず、保持されることをもくろまれたのです。

ここから、聖書の福音が「家族」や「家庭」について、特別に深い理解を持っていることが分かります。特に両親にとって、自分の子どもは単に自分たちにとっての「最愛の隣人」ではなく、「信仰の継承者」であり、同じように御国に招かれた者です。したがって両親には、自分の子に唯一のまことの神を指し示し、神の存在と愛と義を教える義務があります。「父と母を敬え」というモーセの第五戒は、明らかに、両親は子供に神（その存在と愛と義）を教える務めがあるゆえに尊敬されなければならないという意味です[22]。それゆえ、イスラエルでは家庭礼拝が重視されました。「今日わたしが命じるこれらの言葉を心に留め、子供たちに繰り返し教え、家に座っているときも道を歩くときも、寝ているときも起きているときも、これを語り聞かせなさい」（申六・六―七）とある通りです。

日本の教会では、特に敗戦後は、「民主主義の世の中になった」と称して、「信じるか信じないかは子どもの自由だ」という誤った観念が教会の中でも支配的になり、家庭伝道をしなくてもよい口実に使われました。まるで、子供たちに自分の信仰を選ぶ力があるかのように錯覚してしまいました。このような考え方は、「恵みの選び」の信仰とは相いれません。せっかくクリスチャン・ホームの幸いを与えられながら、家庭礼拝や信仰教育を怠ったために信仰の後継者が大変少なくなったことは、日本の教会が深く反省すべき点です。

なお、旧約における両親の務めに関する戒めは、新約においてもそのまま受け継がれています。家庭礼拝、CS教育などの重要性は改めて申すまでもありません。神はアブラハム、イサク、ヤコブと契約を結び、「聖なる種子」が代々にわたって絶やされないようご配慮されます。幼児洗礼はこの関連の中で正しく理解されるべきでしょう（本シリーズ第3巻第1章第4節第2項参照）。また、新約では、旧約的な「肉による子孫」という考え方を超えて、教会に集う他人の子も自分の子と同じように神の愛する子供として愛し、信仰の後継者として養うという考え方へと発展しました。教会学校の教師たちは、教会に集められた幼子たちを自分の子として愛し、養い育て、「幻」を見ることが許されています。

言うまでもなく、これらすべてが、教会を形成するということの中で行われます。特に、自分が直接責任を負っている自分の教会は、自分が生きている間だけ存続すればよいのではなく、「キリストの体」なのですから、自分の死後も末永く存続すべきものです。

最後に、教会には神学校を支える重大な務めがあります。伝道者となる志を立てた神学生を養い育てることは、次代の教会を形成することに他なりません。そのために、神学校を覚えて常に祈り、献身者を送り、献金で支える務めがあります。わたしたちには終末がいつ来るか分かりません。また、実際「今は悪い時代」なのかも知れません。しかし、教会がこの「信仰の継承の務め」を自覚している場合には、たとい「悪い時代」に召されていても、後継者を養うことによって希望を失わず、安んじて務めを果たすことができます。

第2章　十字架と復活の福音

前章でわたしたちは、救いが神の「恵みの選び」に基づいて起こったことを確認しました。そこで本章と次章では、いよいよ福音の中心である、十字架と復活の出来事とその意味、すなわち、「罪の赦し」と「神の国」の福音について考察したいと考えます。本章で神と人間の「和解」の基が御子によって据えられたことを述べ、次章でそれが終末における「神の国」の成就を目指していることが述べられます。

神と人間との和解。そこから出てくる、人間同士の和解。この世界の和解は、すべてそこから出てきます。「和解」は福音のすべてです。その福音の内容を極めて簡潔に要約した御言葉として、ヨハネによる福音書三章一六節は、最も人口に膾炙した言葉でしょう。次の言葉です。

神は、その独り子をお与えになったほどに、世を愛された。独り子を信じる者が一人も滅びないで、永遠の命を得るためである。

ここには明確に、和解の福音の二つの側面が語られています。個人の救い、および、この「世」（世界）の救いです。福音には、常にこの二つの側面があります。一つは、まさに福音の中核とも言うべき、「罪と罪の赦し」

です。この意味での救いは、「個人の救い」という言葉で特徴づけることもできましょう。もう一つの側面は、「神はこの世を愛された」という言葉からうかがえる、「この世」（世界）の救いです。この二つの側面は、どちらか一方だけを強調することはできません。例えば、「罪と罪の赦し」の福音を喪失したキリスト教は、明らかに、神が御独り子の命を賜ったほどの愛、すなわち、十字架の死の意義を完全に見失っています。それは単なるヒューマニズムでしかなく、福音でもキリスト教でもありません（わたしたちの「神学の第二公理」[1]が否定されています）。反対に、「神の国」の視野を失った福音は、信仰が個人的次元で自己完結してしまい、救済史の成就、伝道への召命、社会への関心などをすべて失っています。これも同様に、もはや福音でもキリスト教でもありません（わたしたちの「神学の第三公理」[2]が否定されています）。

したがってわたしたちは、福音について述べる時には、常にこの二つの側面を同時に真剣に受け取り、決して一方を無視しないよう注意しなければなりません。

なお、もう一つ、本シリーズ全体で重要であると考えられる、「神学の第一公理」もここで再確認しておきましょう。すなわち、「神が神であることによって、はじめて人間は人間となる（または、人間らしく生きる）ことができる」という思惟原則です。[3]この原則を本節にふさわしく言い換えるならば、「神が神である（神が義である）ことが確保されて、はじめて人間の救い（義）がある」と言い換えることができます。これをさらに言い換えるならば、「福音について述べる時には、常に、神が主語となることが重視されなければならない」となりましょうか。「すべてこれらの事は、神から出ている」（二コリ五・一八、口語訳）とあり、「神は、その独り子をお与えになったほどに、世を愛された」（ヨハ三・一六）とある通り、救いは神が終始完全にイニシャチーブを取ることによって、初めて成り立つからです。

さて、「贖罪」と「和解」の違いですが、神が罪人の罪を御子イエス・キリストによって贖い、赦すことを、一般に「贖罪」と言います。[4]これに対し、「贖罪」を基盤とし、神がこの世に生きている人間との交わりを完全に回復し、救いを完成するまでの一連の出来事の全体を、「和解」と言います(5)。

これらすべてを余すところなく総括的に述べている聖句として、幸いにも、次のコリントの信徒への手紙二、五章一八―二一節の聖句が与えられています。わたしたちはこの聖句に従って、本章および次章の叙述の順序を整えたいと考えます。

「これらはすべて神から出ることであって、神は、キリストを通してわたしたちをご自分と和解させ、また、和解のために奉仕する任務をわたしたちにお授けになりました。つまり、神はキリストによって世をご自分と和解させ、人々の罪の責任を問うことなく、和解の言葉をわたしたちにゆだねられたのです。ですから、神がわたしたちを通して勧めておられるので、わたしたちはキリストの使者の務めを果たしています。キリストに代わってお願いします。神と和解させていただきなさい。罪と何の関わりもない方を、神はわたしたちのために罪となさいました。わたしたちはその方によって神の義を得ることができたのです」。

この聖句によれば、福音の本質は最低限次の三点を含んでいます。

①福音の中心は、キリストの十字架における「代理の死」によって、わたしたち一人ひとりの罪が赦され、神との和解を受けたことにあります。

②和解を受けたわたしたちキリスト者は、罪の責任をもはや問われることがありません。その代わり、伝道する教会を形成し、和解の福音を世に宣べ伝えるべき務めを負っています。

③神は教会を用い、世をご自分と和解させ、神の国を完成されます。

わたしたちはこれから、これら三つの事柄について次の順序で述べたいと考えます。

①は本章の第1節「神との和解の福音」と第2節「王の王、主の主」および第3節「キリストのものとされた人間」の三つに分け、②は本章第4節「恵みの支配領域としての『キリストの体なる教会』」で取り扱います。③は次の第3章「和解の福音に生きる教会」において取り扱います。

第1節　神との和解の福音

1　罪とその責任について

福音の内容が「和解」であるということは、その前提として、神と人間との間に敵対関係が存在していた（または、いる）こと、すなわち、神に対する人間の「罪」があった（または、ある）ことが含意されています。では、「罪」とは何なのでしょうか。

わたしたちがキリスト教における最も枢要で根本的なこの概念について考えようとするとき、決して踏み外してはならない基盤となり、指針となるものは、やはり、二〇〇〇年前に十字架で処刑されたお方についての、シモン・ペトロの信仰告白でしょう。主が弟子たちと共にフィリポ・カイサリア地方に行かれた折、主は弟子たちに、「あなたがたはわたしを何者だと言うのか」と尋ねられました。ペトロは弟子たちを代表して、「あなたはメシア、生ける神の子です」と答えたと伝えられています（マタ一六・一六）。ナザレのイエスが「メシア」だというのは、彼が旧約聖書に預言された「キリスト」（ヘブライ　メシア＝「油注がれた者」の意）、すなわち、イスラエルの人々が何百年もの間待ちわびていた神からの救世主であるという意味です。また、「生ける神の子」というのは、イエスが何らかの意味で唯一のまことの神ヤーウェの「子」であるという意味です。「子」という意味はこの時点ではやや不明瞭ですが、後に整えられた三位一体論の中の、「独り子なる神」（ヨハネ三・一六参照）という言葉によって明らかにされています。ペトロがこの告白の直後に、主のご受難の予告に躓いて非常に厳しい叱責を受けたことは（マタ一六・二一以下参照）、ペトロとしては大失敗には違いありませんが、彼の信仰告白の価値をいささかも減じるものではありません。なぜなら、この告白文の中には後にキリストの十字架と復活の出来事を経験した教会が告白した信仰が反映されており、その意味で、永遠的価値を有するからです。まだ十字架も復活も経験していなかったこの時点でのペトロが、十字架や復活までを見越した告白をすることはもともと不可能です。重要なことは、彼がこの時点でナザレのイエスを神から直接遣わされた、旧約聖書の預言の成就としての神的な救済者であると告白したことです。それゆえに主はこの告白を喜ばれ、「あなたにこのことを現したのは、人間ではなく、わたしの天の父なのだ」（同一六・一七）と最大限の誉め言葉を賜っておられます。また、「わたしはこの岩（「ペトラ」は女性名詞ですから、ペトロのことではなく、彼の信仰告白のこと［引用者注］）の上にわたしの教会を建てる。陰府の力もこれに対抗できない」（同一六・一八）と言明されました。したがって、これらの主の御言葉から、イエスの死は神的な出来事、神ご自身の出来事、つまり、「神の死」であるということが示唆されています。ペトロのこの告白の言葉が教会の信仰を決定的に方向づけ、その基礎となり、後の教会の基本信条と三位一体論、キリスト論、贖罪論などの枢要な教理がすべてその上に成り立っているということは、説明困難なことではありません。

ここから、次の三つのことが帰結されます。

(1)イエスの十字架は決して神の救済計画の失敗ではありません。むしろ、生前のイエスの予告通り、決定的な救済的意義を有します。すなわち、「キリストが、聖書に書いてあるとおりわたしたちの罪のために死んだ」（一コリ一五・三）ことが、「多くの人の身代金として自分の命を捧げる」（マコ一〇・四五）贖罪死であったと考えられます。わたしたちを罪による死から救う（＝贖い出す）ためであったということです。したがってわたしたちは、罪とその赦しについて考えるときにも、「キリストの死が犬死となる」（ガラ二・二一参照）ことが決して起こらないようにということを、常に考察の中心に据えなければなりません。神学作業に最も重い厳しさや厳格さが要求されるのは、この「キリストの死を無駄にしてはならない」という思惟原則が働くからです[6]。

(2)「あなたこそはメシア」と告白されていることは、「メシア」は旧約の人々が待望していた救い主であることを考えれば、イエスの贖罪死の理解については、誰でも旧・新約聖書の証言を最大限尊重しなければならないことを意味します。「彼が刺し貫かれたのは／わたしたちの背きのためであり／彼が打ち砕かれたのは／わたしたちの咎のためであった」と預言されているとおりです（イザ五三・五）。

(3)最後に、ペトロが信仰告白の直後に主イエスから厳しい叱責を受けたことは、彼が十字架の意義を少しも理解せず、ご受難の予告に対して「主よ、とんでもないことです。そんなことがあってはなりません」（マタ一六・二二）といったことの故です。人間の罪のゆえに神の子が辱めを受け、死ななければならなかったことは、人間にとって他の何よりも理解しがたい「躓き」であることが、この出来事から示唆されます。それは「ユダヤ人にはつまずかせるもの、異邦人には愚かなもの」（一コリ一・二三）です。したがってわたしたちは、「罪」を理解しようとする場合にも、それを人間の「弱さ」や「不完全性」や「挫折」などから、またはその他のさまざまな宗教的な欲求から理解する分かりやすい説明の仕方は、厳しく自戒しなければなりません。「人間の救いのためには、神の子が死ななければならない」という人間に都合の良い理屈は、全く成り立ちません。神は人間の召使いではないからです。むしろ、「罪のない神の子が身代わりに死んだのだから、人間は皆死ななければならないほどの重罪人であったに相違ない」と考えなければなりません。

(a) 「原罪」という考え方について

以上のことを考えあわせた時、すべての人間があまねく、一人の例外もなく罪を犯していること（ロマ三・一〇以下参照）を明らかにすることは、極めて重要です。すべての人間が全存在的に（トータルに）罪を犯しているということは、「原罪」（Ursünde）の概念によって表明されています。

原罪という考え方は、創世記三章に記されているアダムとエバの堕落の物語によってよく知られています。最初の人アダムが理不尽にも神に背いて罪を犯し、楽園を追い出されたという物語です。この記事は、すべての人間がアダムと同様、その存在の初めから罪の誘惑に敗れた罪人であることを示唆しています。なぜなら、「アダム」はヘブライ語の一般名詞で、その意味は「人間」ですから、著者は必ずしも、最初の人間（固有名詞としてのアダム）の「最初の罪」（die erste Sünde）について叙述し、その罪が何らかの経路を通して後の子々孫々にまで遺伝すること、すなわち、「遺伝罪」（Erbsünde）について述べようとしているわけではありません。そもそも、聖書のいわゆる「原初史」（創一―一一章のこと）は必ずしもいわゆる「歴史」（ヒストリー）を記述したものではなく、その意味において、著者はいわゆる宇宙開闢説や悪の起源論などを述べているつもりはありません。もちろん、神話や作り話を語っているつもりもありません。著者の意図はむしろ、聖書の根本テーマである、神と人間（「アダム」）との本質的な関わりを明確にさせることです。その意味において、この「アダム」とは人間一人ひとりのことと解釈するのが最も妥当です。人間は神によって土の塵から創られ（創二・七）、神との交わりのために「神の形」に造られていること（同一・二七）、園（世界）の管理と結婚（または、子孫を増やすこと）が命ぜられ、または、委託されていること（同一・二八、二・一五、一八以下参照）、神の恵みの真っただ中で罪を犯したゆえに、楽園を追い出されたこと（同三章）などのことが、「物語」という形をとって語られているのです。

堕罪について、創世記三章は次のように述べています。

(1)アダム（人間）の罪は、神の正当な戒めに対する不当な違犯として語られています。

神はアダムをエデンの園の中央にある特別な木の許に連れていかれ、「園のすべての木から取って食べなさい。ただし、善悪の知識の木からは、決して食べてはならない。食べると必ず死んでしまう」（同二・一七）との戒めを与えられました。「善悪を知る」とは、ここでは、道徳的判断ができるようになる（イザ七・一五参照）ことではありません。人間が「自主性」や「自立性」を獲得することなら、それを禁ずる禁令の方が不当です。ここの場合は、神と等しく善悪の基準を持つようになることが禁じられています。つまり、この園（世界）の主人は人間ではなく、神であるゆえ、人間は善悪の判断を常に神に尋ねて決めなければならないということです。もし自分の中に正義の基準を置けば、わたしたちが言う「神学の第一公理」、すなわち、「神が神であることによって、はじめて人間は人間らしく生きることができる」という神・人の原秩序が根本的にくつがえされ、世の中には人間の数だけ正義があることになりましょう。

(2)ところが、そこへ蛇（誘惑者、後の「サタン」）が現れます。蛇は、アダムの妻エバに近づき、囁きます。「園のどの木からも食べてはいけないなどと、本当に神は言われたのですか」（同三・一）。蛇の誘惑には、常に巧みな「嘘」があります。「どの木からも食べるな」とは神は言われません。それではアダムもエバも死んでしまいます。しかし、蛇は臆面もなく非常識なほどのウソをつくのです。誘惑は、本当の話だけでは成り立ちません。誘惑は、「嘘」と「まこと」を入れ替えてこそ成り立つのです。

ところが、エバは蛇の最初の一撃でしびれてしまいます（彼女がもし、自分は神なしには生きられないと知り、かつ信じていれば、嘘を見抜けたことでしょう）。彼女は神の善意に対する「信頼」が自分の中で揺らぎそうになった不安を打ち消そうとして、さらに深い罠に陥ります。「わたしたちは園の木の果実を食べてもよいのです。でも、園の中央に生えている木の果実だけは、食べてはいけない、触れてもいけない、死んではいけないからと神さまは仰いました」（同三・三）。「触れてはいけない」は、エバが自分で作った「嘘」です。

⑶サタンの誘惑のポイントは、最初から一つしかありません。神への「信頼」を失わせることです。蛇は再び、「嘘」を「まこと」しやかに語ります。「決して死ぬことはない。それを食べると、目が開け、神のように善悪を知るものとなることを神はご存知なのだ」（同三・四）。ユダヤ人の伝説によれば、この時蛇はエバの手を取って導き、そっと木の実を触わらせてみせたと言われます。触っても死なないことを確かめさせ、同時に、神に対する疑念を深めさせるためです。

神の戒めは、神への「信頼」がある限り、アダムたちにとって少しも不自由ではなかったのです。信仰生活にはさまざまな束縛があって窮屈なように見えますが、神の戒めはいつもたった一つだけです。それは、「あなたにはあなたを愛しておられる神がおられる。だから、神を神としなさい」です。しかし、その神が自分たちに好意的ではないという「嘘」がまかり通ると、禁令は束縛となり、命令は強制となります。もっと自由に、もっと思いのままに、束縛から解放されたいと考えます。すると、「どの木からも取って食べてはいけないのなら、自分たちは死んでしまう」という作り話が「本当」になります。さらに高じて、「今、これをしなければ、自分はダメになってしまう」となります。見ると、「その木はいかにもおいしそうで、目を引き付け、賢くなるように唆していた」（同三・六）ので、取って食べ、夫にも与えました。人間はいつも、このようにして「嘘」を「まこと」と考え、誘惑に負けます。その結果、アダムとエバは決して神のように全知全能になったわけではありません。ただ自分たちが裸（＝無防備な、恥ずべき存在）であることが分かっただけです（同三・七）。

主は言われました。「悪魔が偽りを言う時は、その本性から言っている。自分が偽り者であり、その父だからである」（ヨハ八・四四）。

(4)ここからわたしたちは、「罪」とは何かを理解できます。罪を構成する要件は、一応は、神の戒めを破り、禁令を犯した「不法」のように見えます(一ヨハ三・四参照)。後には「律法違反」としてより明確に定義づけられるようになりました。しかし、「律法が与えられる前にも罪は世にあった」(ロマ五・一三)のです。なぜなら、禁令(創二・一七)は既に告げられていたからです。

では、「罪」とは何なのでしょうか。罪は「不法」であり、不法によって生じた「罪過」には神の審判としての「死」が帰結するということは、全くその通りです。しかし、その結果として罪を犯した者が死ねば、罪の問題がすべて解決するとはいえません。一旦犯された罪は、これからも何度も犯され続ける力となるからです。では、改めて、「罪」とは何なのでしょうか。「罪」とは、神の目からご覧になれば、「不法」であるよりも先に、神への根本的な「不信頼」や「不信仰」だったのではないでしょうか。神はやみくもにご自身への「服従」を要求されたのではありません。むしろ、人間の方が自分の論理と意志で、不信頼故の不従順に陥り、不法を犯しました。したがって、「罪」を定義するならば、それは神の愛への「不信頼」または「不信仰」(ヨハ六・二九)故の「不従順」です。なぜなら、アダムとエバは神を信じてさえいれば、誘惑に負けることはなかったからです。

この「不信仰・不従順」としての罪は、また、「無神性」でもあります(ロマ一・一九―二三参照)。人間は神に代わって善悪の最終的な審判者、「裁き主」となろうとした結果、誘惑に負け、「嘘」を「まこと」として失敗したのです。その野心は見事に覆され、かえって悲惨を招きました。その罪は、不信頼が是正されない限り、いつまでも反復されるでしょう。

このように考えますと、キリスト教的な贖罪論は、人間に最終的に信仰を回復させ、「ヤコブから不信心を遠ざける」(ロマ一一・二六)ものでなければならないことが分かります。つまり、神との「和解」を獲得するものでなければ、完全な意味で「贖罪」が全うされたとは言えません。

わたしたちは、そのような意味で、和解論(その中には伝道論が含まれます)を基礎づけ得るような贖罪論を考える必要があります。

(5)そのために、わたしたちはここでまず、「原罪」というキリスト教的・福音的な人間理解[7]を肯定したいと考えます。

「原罪」とは、創世記三章の記事からその後の神学が学んだ次のような人間理解です。すなわち、《人間は本来全き者、善なる者として造られ、神の十分な恵みを受けていたにもかかわらず、その恵みの真っただ中で罪を犯した。そのことによって罪が罪を生み、悪が悪を生むようになり、人間の第二の本性として、「無神性」への強い衝動を持つようになった》という洞察です。「罪」のヘブライ語原語「ハッター」の原意は「道を踏み外すこと」であり[8]、ギリシア語原語「ハマルティア」も「的を外す」ことです[9]。詩七八・五七には「欺く弓（または狂った弓）で射た矢のようにそれていき」という御言葉があります。最初の人アダムにおいて起こった堕罪と同様、人間は皆「狂った弓」のようになってしまったので、せっかく狙いを定めて矢を放っても、皆あらぬ方へとそれてしまうのです。「原罪」の概念は、堕罪が全人類にあまねく起こった出来事であることと、一人ひとりの全存在を汚している深い病根であることを表しています。アウグスティヌスが「あなたはわたしたちを／あなたに向かって創られた故に／わたしたちの心は、／あなたのうちに憩うまでは／安らぎを得ません」（『告白録』一・一）と神に向かって祈っている通りです。そしてそれは、福音の光で人間を見ておりますから、福音的な人間理解と言えましょう。宗教改革者のルターはこれを、「心が内側に向かってひねくれていること」（cor culvatum in se ipsum）と説明しました。人間の魂は本来神を愛し、隣人を愛するようにと造られていたのに、サタンに誘惑された結果、神や隣人を愛することができず、自分だけを愛することへとひん曲がってしまったという意味です。

(b)罪には責任が伴うということについて

神は罪を犯したアダム（人間）に、「あなたはどこにいるのか」と問われます（創三・九）。しかし、アダム（人間）はまともに答えられず、園の木の陰に身を隠します。やがて彼は罪を犯したことを否認し、責任転嫁を始めました。わたしたちが第二に確認したいことは、これらのことです。

創世記三章は次の諸点を明らかにしてくれています。

(1)アダムとエバは「あなたはどこにいるのか」と問われて答えに窮します。「なぜ取って食べたのか」という問いには全く答えられません。彼は罪を犯した時、その責任までは考えていなかったのです。罪を犯したアダムが自分の罪を素直に認め、罪の責任を引き受けることは、神への完全な信頼なしにはできません。その信頼を彼は既に最初の堕罪によって喪失しています。彼は神と等しい存在となったつもりですので、罪を否認したいのです。

ここから「罪の隠蔽（または、秘匿）」が生じ、「責任転嫁」へとつながります。「あなたがわたしと共にいるようにしてくださったあの女が、木から取って与えたので、わたしも食べました」（創三・一二）。自分の妻に、そして、一部分は神にまで責任をなすり付けています。「罪の隠蔽」が「責任回避」や「責任転嫁」を生みます。あの人がいけない。周囲がいけない。社会がいけない。育った環境が、受けた教育が、いや、時代がいけないのだ。このように、本当は自分が責任を取るべき立場にありながら、その立場を認めず、立つべき所に立てません。

つまり、アダムは自分の罪の責任を取ろうとはしない結果、自分の居場所も、立場も分からず、「あなたはどこにいるのか」という問いに答えることができなくなったのです。

(2)しかし、この時以来、この「あなたはどこにいるのか」（創三・九）という問いは、人間の耳を離れなくなったと言えましょう。何をしていても、どんな時でも、「あなたはどこにいるのか」、つまり、「この自分はどこにいるのか」という問いを自問自答するようになりました。特に、楽園を追い出された理由が自分ではよく分からない人間にとっては。(10)

ですから彼は、どこにいても居心地が悪いのです。最近の若者が、よくこういう言い方をします。自分の本当の「居場所」を見つけたい。家にいても居場所がない。両親はいつも喧嘩ばかりしている。学校へ行けば虐められる。世界中どこへ行っても、あるいは何をしていても、そこが自分の本当の居場所で、これが自分に与えられた仕事だという実感が持てません。少し洒落た言い方をする若者は、わたしは自分のアイデンティティ（self-identity）を捜していると言います。

結婚しても変わりありません。ある高名な女流作家がテレビで言っていました。母親が自分の子供を抱いて、夕暮れ時、誰かを待っている。別に誰とはっきりしたあてがあるわけではないが、誰かが来て自分に声を掛けてくれるのを待っている。これが、日本女性の昔から変わらない姿なのですよ、と。子を抱いて待つ姿。作家の目の鋭さを表す言葉だと思います。つまり、多くの女性は、やはり、自分の本当の居場所が見つからないで、「自分はどこにいるのだろう」と、ぼんやりと考えているのです。

自分の居場所が本当に分かっているとは、自分が誰であり、今自分は何をすべきで、どんなことが自分に与えられた責任であり、他の人との関係で自分の立場はこうだと全部よく分かっているということです。それが分かって、責任を果たしている人は、本当の意味で偉い人と言えます。社会的にもそう評価されましょう。しかし、たいていの人は、自分の居場所がよく分からないか、いるところが気に入らないで、もっと自分は良いところにおれるはずだと考えます。フランスの詩人ボードレールの有名な詩の一節に、「どこでもよいから、今いるところではないところに行きたい」という一節があります。何でもよいから、今とは違う世界に行きたい。別の場所に行きたい。(11)何をしても心が満たされない。これは、根本的に言えば、自分の罪に関わる「責任逃れ」から生ずるものです。

(c)神の忍耐と寛容について

以上のことから、罪とは神に対する人間の不信頼と不従順により、両者の間に突如として闖入した「異物」であることが明らかとなりました。この異物の介入により、神とわれわれ人間の間の正常な関係は破壊され、人間の存在が根底から危機にさらされてしまいました。それはあのシェークスピアの悲劇「マクベス」の中で、マクベスから安らかな眠りを奪い、マクベス夫人をして「アラビア中の香水を全部振りかけても、この手の血の染みを洗い落とすことはできない」と嘆かせたそもそもの元凶なのです。

では、この「異物」はどのようにしたら取り除かれるのでしょうか。わたしたちはこれまでの考察で、人間は罪を犯しながら責任を負おうとはしなかったので楽園を追放され、住み心地の悪い現世を放浪する者となったことを明らかにしました。また、それが一人の例外もなく、全人類にとって避けることのできない命運となったことも明らかになりました。

それでは、罪の責任を負うとは、いったいどのようなことなのでしょうか。

それは言うまでもなく、罪の結果を引き受けることです。すなわち、神の「呪い」を自分の存在の深みできちんと受け止めることです。というのも、神はご自身の恵みと慈しみが完全であっただけに、人間の不信頼と不従順に対し、激しい「怒り」を覚えられます。そしてこの神の烈しい「怒り」は、神の熱愛の裏側であるだけに、罪（罪人ではない）に対する激烈な「呪い」となります。なぜなら、人間の堕罪によって神の何者も犯すことのできない尊厳が傷つけられ、愛が裏切られ、神が義であるか、人間が義であるか、言い換えるならば、神が滅びるか、人間を滅ぼすか、二つに一つの由々しい事態が発生したからです。神を中心として考えれば、神は一人ひとりを深く愛せられるがゆえに、罪に対して激しい「怒り」と「呪い」を覚えられます。当然でしょう。

ここでわたしたちは、神の人間に対する愛が真実であり、深ければ深いほど、人間が犯した罪に対する怒りも激しいという事実をしっかりと見つめる必要があります。ここに、「神の愛」と「神の怒り」という、互いに激しく矛盾しあう二つの想いが神の中に厳存するという、旧約の預言者たちの証言が成り立ちます。例えば、エレミヤ書三一章二〇節には、「彼のゆえに、胸は高鳴り」（新共同訳）とありますが、この「胸高鳴る」は、文語訳では「はらわた痛む」と訳されていました。(12) ここには、己の背信の罪によって滅びの道を転落し、ついに「バビロニア捕囚」という民族最大の悲劇に陥ったイスラエルに対する神の愛と怒りの矛盾葛藤が見られます。「はらわた」はエレミヤが好んで用いた人間の最深部を表す言葉です（例えば、エレ四・一九には「わたしのはらわたよ、はらわたよ。わたしはもだえる」というエレミヤ自身の激しい感情がそのまま吐露されています）。イスラエルは神にとって、「わたしのかけがえのない息子／喜びを与えてくれる子ではないか」（同三一・二〇）と主は言われます。「まだ幼かったイスラエルをわたしは愛した。エジプトから彼を呼び出し、わが子とした」（ホセ一一・一）。その幼いイスラエルは、文字通り神にとって眼の中に入れても痛くないような「かけがえのない息子」であり、その一挙手一投足、愛らしい笑顔は神にとって無限の喜びでした。神はこのイスラエルに、ちょうど父が子の手を取ってヨチヨチ歩きを教えるように歩くことを教えました（同一一・三）。それだのに、イスラエルはかつての神の恩愛を完全に忘れ、己の滅びの道をまっしぐらに歩み、ついに敵の国に奴隷のように引かれていきました。そのイスラエルがもう一度神の御許に帰ってきてほしいという神の真情は、互いに矛盾葛藤し合う愛と怒りの塊で、とても一言では語れません。それをエレミヤは、「彼について激しく語るたびに、わたしは彼を深く心に留める。彼のゆえに、わたしのはらわたは痛む。わたしは彼を必ず憐れむ」（私訳）という言葉で言い表しています。

人間はしかし、罪の本質については無知ですから、悔い改めることができません。ましてや、神の怒りなど、人間を中心に、人間のことしか考えないヒューマニズム（人本主義）の立場では、大変分かりにくいことなのです。神の怒りがその人への熱愛ゆえであることに、気づくことがないのです。人間にとっての救いは、人間を中心にだけ考えれば、自分に安全な城と居心地の良さが回復されればそれでよいのです。しかし、そのためには、人間が一人で安住できる空間はこの宇宙のどこにもないわけですから、まず、神との間のわだかまりが――神から ご覧になって――完全に取り除かれなければなりません。神を中心に考えることが本義です。神を中心とすれば、神が人間を創り、愛し、その正常な関係を望んでおられたからには、そのご意志が人間の思い上がりにより拒否されたことは、罪に対する激しい「怒り」や「呪い」となるのは当然のことです。

神はもちろん、この罪をうやむやな仕方で帳消しにはなさいません。なぜならそれは、人間が鼻持ちならぬ馴れ馴れしさで再び神に近づき、両者の関係を決定的に破壊することですから。

また神は、人間を怒りのあまり滅ぼされたわけでもありません。実際神は、アダムとエバをただ楽園から追い出されただけです。しかも、裸であった彼らに皮の衣を着せて（同三・二一）。また、ノアの物語（創六・五以下参照）が明らかにしておりますように、神は全人類をことごとく滅ぼして新しい人類を創造することもお出来になりましたが、その道は採られませんでした。神はむしろ、忍耐と寛容により、人間を救う道を選ばれたのです。すなわち、ある時が来るまで、その耐えがたい罪の呪いをご自身の忍耐と寛容の衣に包んで耐え忍ばれます。それは、栄光が神に帰せられ、神の義が回復された時にだけ、人間の罪もまた消えるからです。「今までに犯された罪を、神は忍耐をもって見逃しておられた」（ロマ三・二五、口語訳）とある通りです。ですから使徒パウロは、わたしたちは旧約聖書を読むことを通して、「忍耐と慰めの源である神」（ロマ一五・五）の真情をいよいよ深く知り、その度に忍耐と慰めと希望を新たに持つことができると述べています。今日の世界の「和解」をめぐる諸問題も、根本的にはこの神の忍耐のまねびなしには解決できません。忍耐深いということは、弱さではなくて、むしろ強さのしるしです。それは、ただ一人知恵深く全知全能なるお方、人類に限りなく憐れみ深く真実なお方のみがその源であられます。

では、神は最終的に、どのような解決を目指しておられるのでしょうか。それが、わたしたちが次に考えなければならない、キリストによる贖罪の出来事です。神は忍耐に忍耐を重ねられました。その忍耐の末、ついに堪忍袋の緒が切れたのではなくて、わたしたちの罪を負うために、御子をお遣わしになったのです。これは、忍耐に忍耐を重ねられた末に、ついに勝利されたということです。

したがって、「世界史は世界審判である」（F・フォン・シラー）とは言えません。むしろ、神はご計画通り、創世記一二章にありますように、アブラハムの選びによっていよいよ「救済史」を発動されました[13]。救済史とは、神と罪深い人間との間に生じた「罪」という異物を神が正しく処分され、両者の関係を回復するための救いの出来事（歴史）のことです。

聖書はこの救済史の中で、神が二つのことを目指しておられると教えています。すなわち、「神みずからが義となり、さらに、イエスを信じる者を義とされる」（ロマ三・二六、口語訳）ことです。この聖句から、わたしたちは「罪」を除去し、神と人間の義しい交わりが回復されるために、神が必要不可欠と考えられ、また、実際に選ばれた手段が次の二つの事柄を確立することであったと結論付けることができます。

①神の義の確立　すなわち、戒めに背いて罪を犯した人間を罰せられる神は完全に義であられることが、全被造物の前で火を見るよりも明らかとなり、すべての栄光と賛美と誉れとが神に帰せられること（本節第2項参照）。

②人間の義の確立　神が義であり、己が不義であることを素直に認め、悔い改めて再び神への信頼と服従に立ち帰った人々に、義が与えられること。ただ今の聖句では、「さらに、イエスを信じる者を（神が）義とされる」と書かれています。すなわち、彼らが自力によって自分を義とすることはもはや不可能ですが、ただイエスの代理の死を通して神の愛を信じ、一切を神に委ねる信仰によって、義と認められることです（本節第3項参照）。

申すまでもなく、②よりも①の方がずっと重要で、困難です。なぜなら、神の義が回復されなければ、神と人間との交わりは回復しないからです。また、もしも①が満たされるならば、①をなし給う神が②をも為し遂げられることは決して困難ではないでしょう。

イスラエルの人々は、繰り返し預言者たちに教えられ、捕囚の苦しみなどを経て、やがて何百年もの間、この救い主の到来を待ち望むようになりました。

2 贖罪について

四部に分けて考察します。

(a)罪の責任を負うとは何か

初めに、「罪の責任を負うとは何か」という問題について、もう少し明確にしておきたいと考えます。人間が罪を犯し、その罪の責任を負おうとはしない（また、実際に負うことができない）ことによって、神と人間との間に亀裂が生じ、神の怒りと呪いが罪に対して傾注されるようになったことは、すでに述べられました。では、その責任を負うとは、どういうことなのでしょうか。「罪の支払う報酬は死です」（ロマ六・二三）という聖句があります。この聖句は、罪によって楽園を喪失し、生老病死、あらゆる「苦」が人生に付き物となった中で、死もまた罪から来る、または、罪に対する正当な報い（刑罰）だと述べています。

神は人間を死に得る存在として、土の塵からお造りになりました（創二・七）。その人間が実際に罪を犯したことによって、「食べると必ず死んでしまう」（創二・一七）という戒めが破られた以上、彼は実際に土に返る者となりました（同三・一九）。仏教が教える「生老病死」の「四苦」は、本来的には罪から来るということは、聖書の極めて厳粛な、無視されることができない教え（教理）で、キリスト教の宣教においては、どこかで必ず明確に語られなければなりません。

「罪の責任を負う」とは、このことから考えれば、単に悔い改めて謝罪すればよいのではなく、神を義とし、その当然の帰結として、罪による死をその存在の深みにおいて甘受し、死ぬことでなければなりません。でなければ、神に栄光を帰し、その義を誤魔化しなく、徹底的に認めたことにはならず、再三再四罪が犯されることになりましょう。したがって、罪の責任を負うとは、「呪いの死」を死ぬということです(14)。

では、「呪いの死」とは何でしょうか。それは、ただ事故か何かで不本意に死ぬことではなく、神から呪われ、刑罰としての死を死ぬことです。実際に、十字架上のキリストは神から呪われて死なれました。「三時にイエスは大声で叫ばれた。『エロイ、エロイ、レマ、サバクタニ』。これは、『わが神、わが神、なぜわたしをお見捨てになったのですか』という意味である」(マコ一五・三四)とある通り、主は虚空に向かって絶叫するように叫んでお亡くなりになりました。「キリストは、わたしたちのために呪いとなって、わたしたちを律法の呪いから贖い出してくださいました。『木にかけられた者は皆呪われている』と書いてあるからです」(ガラ三・一三)とある通りです。

しかしながら、この「呪いの死」を我々人間は、実際には、味わうことができません。したがって、その内容を言葉で説明することもできません。神は人間を呪うことをなさらないので、人間は不思議な仕方で「呪いの死」を免れていて、どのように深い罪を犯した人でも、キリストが「ただ一度限り」味わわれた「呪いの死」の苦しみだけは、味わうことができないからです。人間はただ、住み心地の悪いこの世に追放され、そこで不安な一生を過ごし、自分がなぜ死ななければならないかも納得できず、ただすべての生きとし生ける者の運命のように死を諦めて甘受します。しかしその死は、実は、「呪いの死」ではありません。確かに、死にたくないのに死ぬことは悲しい運命には相違ありません。しかし、キリストが死なれた「呪いの死」を死ぬことはおろか、その恐ろしさの万分の一をさえ、想像することはできないのです。どんなに深い絶望の果てに死んだ人でも、陰府のように深いところに落とされた人でも、この「呪いの死」の恐ろしさを味わうことはできません。「あなたはそこにいます」(詩一三九・八)からです。わたしたちが「どうかこのわたしにわからせてください」と切に祈っても、味わうことはできません。

(b)罪の結果を代理的に引き受けることについて

では、なぜ、このキリストの二〇〇〇年前のただ一度限りの死が、すべての人間から罪の呪いを取り除き、神との和解を勝ち取るものとなったと言えるのでしょうか。この問題を解明することが、まさに贖罪論の中心の課題です。

罪の「責任」の担い方としては、一般的には二つの方法があります。一つは、罪を犯した人自らがその責任を果たす「償《つぐな》い」(賠償)という方法です。財貨や労働を提供して相手の損失の埋め合わせをし、あるいは原状回復をし、それによって罪責を免除してもらう方法です。しかし聖書では、この「償い」の他に、罪責が他者(特に、罪を犯した者に近い親族)によって代わって償われる「贖《あがな》い」という方法が、旧約以来認められています。その場合、贖う人は「贖い主」(ヘブライ「ゴーエール」)と呼ばれます。ことに死をもって償うべき場合には、他者が血を流すことによって命を贖う方法が、律法によって認められています。「血」は「命」の座だからです(創九・五、レビ一七・一一、ヘブ一二・二四など)。

聖書の贖罪論は、神から遣わされたイエス・キリストがご自分の死によって人類の罪を贖《あがな》うという考え方です。人間が単に自分の罪を悔い改めて謝罪することで済むのなら、聖書は最初からそういう贖罪論をわたしたちに語り続けたでしょう。しかし、有限な被造物でしかない人間が神を汚した無限の罪を償うことは到底不可能であるからこそ、神はそのような道を取らず、むしろ御子を送られ、御子の十字架の愛を信じる道を備えられたのです。

贖罪論は神学の中心であり、大小さまざまな問題を含んでいるだけに、多種多様な贖罪論があり、互いに複雑に絡み合っていますが、その中心にある問題は、わたしたちがここまでで述べてきたこと、すなわち、罪の贖いはどのようにして行われるのか、に尽きます。

(c)これまでの代表的な贖罪論

ここからはしばらく、今までの代表的な贖罪論を振り返りながら、わたしたちの考え方をまとめてゆきたいと思います。

(1)人間が自分で自分の罪を償うという贖罪論は、例えば中世のP・アベラルドゥス（一〇七二頃―一一四二）の『ローマ書注解』に見られる贖罪論がその代表です。

今日でも、それで満足している人、または、それでよいはずだと気楽に考えてキリストの救いを受け入れないでいる人は非常に多いので、簡単にご紹介します。アベラルドゥスは、キリストの死を代理の死による贖いと考える古代教会以来の伝統的贖罪論に対して、そうではなく、十字架はキリストの至上の愛の発露であり、その模範に触発されて人間の心にも愛の炎が点火され、神の子として罪よりの自由を得させるための道徳的な感化を与えるものだと説きました。これを「道徳感化説」と呼びます。この説はその後、一九世紀のA・リッチュルら近代自由主義神学者たちの贖罪論に影響を与え、彼らの贖罪論の中心となりましたので、今日では一般に「近代的贖罪論」の名で呼ばれます。別の分け方では、「主観説」に分類されます。キリストの十字架における客観的な贖罪の事実を否定していますので、キリストは聖人であればよく、最終的には、「ただの人」[15]でもよいことになります。

(2)このような主観説に対して、アンセルムス（一〇三三／三四―一一〇九）は既に、『神はなぜ人と成られたか』という書物を書き、今日ではアベラールの「主観説」に対し、「客観説」と呼ばれます。[16]

アンセルムスは、人間は罪の償いのために何をする必要があるかと問い、対話者ボゾが、「悔悛、痛悔しまた卑下した心、肉体的節制と多様な肉体的苦労、人に与えまた許す慈愛心、そして従順」を神に捧げることなどが必要であると答えたのに対して、「あなたはまだ罪がいかに重いものか（Quanti ponderis sit peccatum?）、考えてはいない」という有名な言葉を語っています。そのように、人間が行う悔い改めや信仰的償いで済むという考え方は、罪をあまりにも軽く考えていると批判したわけです。実際、人間はどのように殊勝な善行をし、それをエベレストよりも高く積み上げたとしても、被造物としては創造者なる神に対して当然のことをしたまでですから、自分が犯したたった一つの罪の償いにさえなりません。それどころか、毎日新たに罪を犯し、その嵩を増し加える一方なので、たとい一生かかっても償うことはできないとアンセルムスは述べています。その通りでしょう。[17][18]

したがって、主観的贖罪論は成り立ちません。

ただし、わたしたちが本節第1項(c)「神の忍耐と寛容」の最後でまとめましたように、人間の悔い改めや従順もまた、最終的には起こらなければなりません。最終的には、人間が再び神を愛し、信頼し、神に従順な者となることが、神の贖罪の目標であることは否定できないからです。ただ、わたしたちがそこで申しましたように、人間の義の確立は神の義の確立からしか生じません。どうしても、客観的贖罪論の確立がまず必要なわけです。言い換えれば、近代的贖罪論の真理契機が無碍に退けられてはなりませんが、そこに含まれている真理契機は、むしろ贖罪論の帰結としての信仰義認論の中で正しく取り扱われなければならないということになるのです（本節第3項参照）。

さて、アンセルムスが提示した客観的贖罪論（客観説）は、一般に「刑罰充足説」（〔独〕Genugtuungslehre,〔英〕satisfaction theory）と呼ばれます。罪の責任である「呪いの死」を、人間は誰も担うことができないので、イエス・キリストが代わりに担って死なれ、全人類に代わって「十分な償い」が為された、という説です。アンセルムスに言わせれば、それ故にこそ、「神は人と成らなければならなかった」のです。一般には、これがいわゆる西方教会型（または、ラテン型）贖罪論であると、長い間考えられてきました。

ともあれ、わたしたちはこの西方教会型贖罪論に対抗してアベラールに始まり、やがて一般に唱えられるようになった近代的な「道徳感化説」は、キリストの死を無駄としかねないものですから、採用できません。その積極的なモチーフは、むしろ信仰義認論の中で正しく展開されるべきでしょう。

(3)しかし最近では、もっと丁寧な考察が為されるようになり、宗教改革者たちの贖罪論はアンセルムスのそれとは微妙に、しかし、ある意味では大きく異なることも明らかとなりました。

なぜなら、アンセルムスの「刑罰充足説」では、死の呪いを担って罪の償いを全うするのは「人間（無罪者）イエス」とされます。その理由は、罪は人間が犯したのだから、人間が償わなければならないとアンセルムスは考えたからです。もちろん、我々罪人は皆罪の嵩を毎日増し加えるばかりで、誰も自分のたった一つの罪さえ償うことはできません。そこで、罪を何一つ犯したことのない人間（無罪者）イエスがそれを代わって償われたというのです。しかし、これだけでは、単に神の怒りが十分に宥《なだ》められ、その名誉が回復されたというだけで、神が死なれたという、神の愛の契機があまり明確とはならないうらみがあります。

これに対して、宗教改革者たちの場合には、人間の罪とその呪いを「神ご自身（神の独り子としてのキリスト）」が「身代りに」担われ、贖われたとされます。例えばルターは、「世の罪と死と呪いと神の怒りを自らにおいて打ち破ることは、どんな被造物の働きでもなく、ただ神の力の働きである。それゆえ、自らにおいてこれらに勝つかたは、真に、また本性上神であることが必要である」[19]と明確に述べています。これこそが、まさに聖書が述べる「贖罪」の中心的メッセージに他なりません。「わが神、わが神、どうしてわたしをお見捨てになったのですか」(マコ一五・三四)との叫びは、神の御独り子の言葉として伝えられています。ゲッセマネの園で祈りの苦闘をしておられるのも、父を「アッバ」と呼ぶ子なる神です(ルカ二四・四二、マコ一四・三六)。そして、パウロの贖罪思想において、神の子の死というメッセージは極めて明確になりました[20]。宗教改革者たちの贖罪論は、「神の身代わりの死」ということに中心点がありますので、アンセルムスの「刑罰充足説」(〔独〕Genugtuungslehre)とは異なり、一般に「刑罰代償説」(〔独〕Stellvertretungslehre)と呼ばれます。これが最も妥当なものであると考えます。

贖罪論の中心は、イエス・キリストがすべての人間に代わって呪いの死を担われたことですから、宗教改革者の「刑罰代償説」とアンセルムスの「刑罰充足説」とで本質的な違いはなさそうにも見えますが、後者の場合には、「神が苦しみを受ける」とか「神が捨てられる」「神が死ぬ」という言い方が避けられているので、かえって神の愛が不鮮明になります。また、厳密には、聖書とも一致しません。「神が苦しむ」という言い回しを嫌う古代・中世の神学者たちの本能的・一般的な警戒心が働いていはしないかとの疑念が残ります[21]。

(4)聖書にあるキリストの贖いに関するさまざまなメッセージは、宗教改革者たちの贖罪論によって最も的確に反映されていると考えますので、ここでは割愛します(詳しくは注を御参照ください[22])。

(5)聖書以後の古代教父たち、エイレナイオス、オリゲネス、アタナシオス、ニュッサのグレゴリオスなどによっても、さまざまな贖罪論が展開されました(詳しくは注をご覧ください[23])。これらも皆、その有効かつ重要な諸契機はすべて、宗教改革者たちの「刑罰代償説」的贖罪論によって、あるいは吸収され、あるいは集大成されて、その後の発展への確かな基礎が与えられたと言って差し支えないでしょう。

(6)結局は、キリストが十字架の死によって為し遂げられた贖罪によって神と人間との和解の基礎が完成し、救済史が成就するというところに贖罪論の本来的な、そして唯一の焦点がある限り、宗教改革者たちの「刑罰代償説」によって贖罪論の基礎が築かれたと考えることが最も妥当です。また、そうである限り、現代神学に至るまでのさまざまな贖罪論も、必ずしも宗教改革者たちのそれを凌駕するものが現れてきたとは言えません（詳しくは注をご覧ください[24]）。

(d)わたしたちの結論

以上の考察から、わたしたちは結論的に、真に和解論や伝道論を基礎づけ得るような贖罪の理解を、次の六つの命題に要約して述べたいと考えます。

(1)人間を熱愛する神は――というのも、神の激しい怒りは神の熱愛の裏側にしか過ぎないからです――、人間をその罪の桎梏から救い、ご自身と和解させるために、御独り子イエス・キリストを遣わされました。すべての者の善き羊飼いであられるキリストは、われわれの罪の現実を無限に深い憐れみの目でご覧になり、その最も深いところにある暗い病根に目を注がれました。そして、それはまさしく人間自身が責めを負うべき罪によると認め、それを「罪」として裁き、断罪なさることによって、ただ一人の善にして義なる御父にのみ栄光を帰せられました。

(2)ただし、神の子イエス・キリストがこのように全人類を一人の例外もなく罪に定められたのは、驚くべき仕方においてです。すなわち、正真正銘神の御独り子であられるお方が、父なる神に服従し、全人類のためにその罪の一切の責任を身代わりに引き受け、「すべての者の裁き主があなたのために裁かれ」（アタナシオス）て、「代理の死」を――それは、「呪いの死」（マコ一五・三四、ガラ三・一三）でした――十字架上で死なれるという仕方においてです。神の御独り子は「ポンテオ・ピラトのもとに苦しみを受け、十字架につけられ」（使徒信条）、父なる神の正当な裁きを受けて死なれました。この「呪いの死」によって、罪が完全に処置され、神の義が回復され、再び神に栄光が帰せられ、神と人間との和解の基礎としての贖罪が完成したのです。

(3)それは、神の子イエスの「血による贖い」によって、人間によって破られた旧い契約が破棄され、神と信仰者との間に新しい契約が締結されたことを意味します（ロマ三・二四以下、ヘブ九・一一以下など参照）。なぜなら、「生き物の命は血の中にあるからである……血はその中の命によって贖いをするのである」（レビ一七・一一）とある通り、血によって「罪の贖い」と共に「新しい契約」が成就したからです。

(4)神人イエスの無罪性（一ペト二・二二、イザ五三・九）とは、彼の御人格のなんらかの清さのことではなく、彼が十字架において、ただこの神のみを神とし、神にのみ栄光を帰せられたことに他なりません。言い換えれば、神の御独り子との一体性において、御父のご受難のご意志に対して「然り」を語って最後まで服従したことの中にあります。神人イエス・キリストはその公生涯の初めに、わたしたちに代わってバプテスマのヨハネから悔い改めの洗礼を受け、悔い改めの道を歩み始められました（マタ三・一五参照）。サタンの誘惑と戦い、勝利されました（同四・一以下）。わたしたちと同じ一人の弱い人間として、サタンのあらゆる試みを受け、死の恐怖を底の底まで味わい、勝利されました（同二六・三六以下）。「この大祭司は、わたしたちの弱さに同情できない方ではなく、罪を犯されなかったが、あらゆる点において、わたしたちと同様に試練に遭われたのです」（ヘブ四・一五）とある通りです。すなわち、その可受苦性において、誘惑され・罪を犯し得る御性質において、そして可死性において、わたしたちと全く同じ一人の人間でした。しかしそれは、神の御独り子のペルソナとの完全な一致、（unio hypostatica）において、です。したがって、御子が悔い改め、御子が試練に勝ち、御子が十字架につき、御子が死なれたと言うことができます。だからこそ、聖書は、「だから、憐れみを受け、恵みにあずかって、時宜にかなった助けをいただくために、大胆に、恵の座に近づこうではありませんか」（同四・一六）と言っています。この「恵みの座」とは、神の玉座に他なりません。

⑸御独り子の十字架に至るまでの服従と死は、⑵で述べた通り、御父のご意志に対する完全な「服従」[25]に他なりません。「へりくだって、死に至るまで、それも十字架の死に至るまで従順でした」（フィリ二・八）とある通りです。「はっきり言っておく。子は、父のなさることを見なければ、自分からは何事もできない。父がなさることは何でも、子もその通りにする」（ヨハ五・一九）とも言われています。

この従順に対して、父なる神はどのような判決（審判）を下されるかに、すべての贖罪論の最後決定的な言葉が掛かっています。父は、御子が父に十字架の死に至るまで服従された御業を嘉納（accept）され、御子を「義」とされました。これが、御子イエス・キリストの死人の中からの甦りです。「……十字架の死に至るまで従順でした。このため、神はキリストを高く上げ、あらゆる名にまさる名をお与えになりました」（フィリ二・九）とあり、また、「父は、ご自身の内に命を持っておられるように、子にも自分の内に命を持つようにしてくださった」（ヨハ五・二六）とある通りです。すなわち、父なる神は墓の中に横たえられていた御子を死人の中から「甦らせ」ました[26]。「使徒信条」にも「三日目に死人のうちよりよみがへり」とある通りです。このようにして、「今までに犯された罪を、神は忍耐をもって見のがしておられたが、それは、今の時に、神の義を示すためであった。こうして、神みずからが義となり」（ロマ三・二六、口語訳）と証しされ、最終的に、神の義が完全に回復され、人間は罪と死の力（支配）から贖い出されたのです。すなわち、神による人間の罪の断罪と神の義の回復によって、神と罪人との和解の基礎が成立しました。もはや、神にとっては、人間の罪は処分され、既に存在しなくなったも同然です。わたしたちが「神学の第一公理」において述べたことが成就したことになります。ここから、「神の国は近づいた。悔い改めて福音を信じなさい」（マコ一・一五）という端的な福音のメッセージが生まれます。

(6)このようにして、神が人間の主となられ、人間が罪の支配領域から再び恵みと憐れみに富む「神の国」（神の支配領域）に捕らえ移され、キリストのものとなり得る基盤が生じました。ここに、「（わたしのただ一つの慰めは、）わたしが、身も魂も、生きている時も、死ぬ時も、わたしのものではなく、わたしの真実なる救い主イエス・キリストのものであることであります」（『ハイデルベルク信仰問答』問一[27]）と告白し得る事態が生じたのです。言い換えれば、人間の義認と聖化と召命が起こり得る事態が、今や、成立したのです。

わたしたちはこのようにして生じた事態を、「和解の事態」と呼びたいと思います。

3 ただ信仰のみによる義認

したがって、福音は神による神と人間との和解であり、神と人間の間に「和解の事態」が成立したことを内容とします。そこでわたしたちは、引き続き、「神みずからが義となり、さらに、イエスを信じる者を義とされる」（ロマ三・二六、口語訳）という聖書の厳密な順序と道筋に従って、この御言葉の後半部分、すなわち、人間がどのようにしてイエスを信じる信仰により、神の前に義とされるに至るかを述べることができます。

すなわち、神は罪人が神による断罪を受け入れ、人間イエスと同じように神を義とし、己を不義とし、悔い改めてキリストによる赦しを信ずるとき、彼をキリストの十字架のゆえに、価なしに義とされます。換言すれば、聖霊の圧倒的な力と働きによって悔い改め、神に立ち帰った（ルカ一五・一七以下参照）罪人に、三位一体の神はキリストの義を「転嫁」されます。この「転嫁」が、聖書の信仰義認のメッセージの最も基本にある考え方と言えましょう。ルターはこれを、「聖なる交換」とか、「喜ばしい（または、幸いなる）交換」と呼びました。「われわれのために呪い（すなわち、神の怒りに価いする罪人）となられたキリストが、われわれの罪をご自身の身にまとい、『すべての人が犯した罪は、私が犯したのだ』と言われる」[29]ということが、「喜ばしい交換」です。これよって、イエス・キリストに与えられた神からの義が、イエスを信ずる者にも与えられ、罪の赦しと神との和解が成就します。[30]「神、我らと共にあり」（インマヌエル）は、この「和解」によって起こった「和解の事態」の、最も分かりやすい表現の一つです。

第2節　王の王、主の主

ところで、ここでわたしたちは、宗教改革的な「信仰義認」の教理を明らかにするに当たって、まず、イエス・キリストについて、少しまとめておいた方があとで混乱が生じないと思います。なぜなら、信仰義認とは、イエス・キリストのものとなり、その御体なる教会の一つの肢体となることに他なりません。それですので、ずっと懸案事項であった、キリストとは誰かを、ここで少し教理的に整理しておいた方が良いと考えるからです。といっても、神学プロパーの問題としての「キリスト論」は、「教義学」または「組織神学」と呼ばれる部門で詳しく扱われる主題です。本書の主題はあくまでも伝道ですので、本書の後の叙述のために必要な範囲内においてだけ述べたいと考えます。すなわち、わたしたちはキリストの御人格（persona）や彼の中での神性と人性の関係などについては極く簡単に一瞥し、[31]むしろその御業（opera）について、必要な事柄を述べたいと考えます。

具体的に言えば、わたしたちは既に、キリストの「祭司職」（人間の罪を贖い、再び神礼拝を可能としたこと）については、既に前節で述べました。ここでは、キリストが救済史の究極の目標であるという意味で、彼が「王の王、主の主」であるというキリストの「王職」について、および、わたしたちに福音の真理を宣教されるお方であるという、キリストの「預言者職」について、述べます[32]。

1　キリストの御人格について

わたしたちが宗教について論じた第1巻第1章で、「神学の第二公理」（または、「受肉の公理」）と名付けておいた事柄の正確な表現は、「神が人と成った」です。より厳密に述べれば、三位一体の神の第二位格（ペルソナ）であられる神の御独り子が神から遣わされ、今から二〇〇〇年前にイエス・キリストという一人の正真正銘の人間となるために、「聖霊によりて宿り、乙女マリアより生まれ」（使徒信条）たという出来事です（ヨハ三・一六、一・一四など参照）。

「神が人と成った」ということは、もちろん、神が神であることを少しも止めることなく、しかも同時に、人間性（肉）を摂受（accept）し、神の御独り子のペルソナとの完全な一致（unio hypostatica）において一人の人間となられたということに他なりません。この教義が確立されたのは、五世紀のカルケドン公会議（四五一年）においてです。いわゆる「カルケドン信条」（Symbolum Chalcedonense）の定式[33]の中心は、イエス・キリストの御人格が内的に混淆・変化も分離・分裂もなく、「まことに神にして、まことに人」（vere Deus, vere homo）であるという表明です。言い換えれば、キリストは半神半人であるとか、もともとは人間であって神となったといったことではなく、正真正銘永遠の神であられるということ[34]、および、その神が仮そめに人間の姿かたちを取って現れたとか、人間とはなったがその肉の弱さ（誘惑され・罪を犯し得る性質、可受苦性、可死性）は一切持たないスーパーマンであったといったことではなく、正真正銘の一人の人間であるということです[35]。主は福音書においても、まことの神として礼拝の対象（一例をあげれば、マコ五・二二）であられ、同時に、誘惑され、苦しみ、死に得る存在（同一四・三四など）として証しされています。この「神人両性一人格」（〔羅〕duae naturae, una persona）が、カルケドン信条の成立に当たって決定的な影響を与えたローマ教皇レオ一世の書簡[36]の中心点とされます。人類最初のキリスト告白であるペトロの信仰告白（マタ一六・一六）が、このキリスト論の母胎です。

2 キリストの御業について

以上は、イエス・キリストの「御人格」（persona）に関する教会の信仰であり、キリスト教の教義（ドグマ）の中心です。しかし、わたしたちの伝道論では、キリスト論のもう一つの側面、すなわち、イエス・キリストが何を為さり、また、これから世の終わりまで何を為さるかという、その「職務」（御業、〔羅〕opera）に関する認識を、ここで明確にしておかなければなりません。

旧約聖書では、特に救済史の中で重要な職務を果たす「大祭司」と「王」と「預言者」とは、油注ぎの儀式によって任職され、「キリスト」（〔ヘブライ〕メシア、〔希〕キリスト、すなわち、「油注がれた者」の意）と呼ばれるようになります。ナザレのイエスは、特別な意味で、預言者たちによって預言され、聖霊によって油注がれた人としてお生まれになりました。すなわち、「祭司職」と「王職」と「預言者職」の三つの職務を果たす任務を神から与えられました。

(1)イエス・キリストは自ら神であられますが、彼は神の前ですべての罪人を代理する永遠の「大祭司」となられました（ヘブ七・二四参照）。ご自身を彼らの身代わり（「贖い代《しろ》」）として神に捧げ、「永遠の贖い」（同九・一二）を成就し（ロマ三・二五およびマタ二七・五一参照）、人類に再び神礼拝を可能にさせるためです（ヘブ九・一一―一二、一〇・二〇など参照）。このようにして、神と人間との間に「和解の事態」が成立し、すべての人間が神に近づき、神を礼拝することが可能となりました。わたしたちが第2章第1節第2項で述べた通りです。これをイエス・キリストの「祭司職」と言います。

⑵イエス・キリストはまた、人間に対しては神を代表し、全人類の永遠の「王」であられます。彼は十字架上で罪を贖うことによって、サタンの支配に、すなわち、罪によって闖入した「悪」の力に「勝利」し、それらを根本的な意味において滅ぼし、御国の約束を成就されました。これをイエス・キリストの「王職」と呼びます。

したがって、彼は神の国を回復し、「王は治め、栄え(る)」(エレ二三・五)の預言を成就されました。主が昇天された場所はオリブ山だったとされますが(使一・一二)、そこにはかつて主が十字架にお掛かりになる前夜、父なる神の御前に苦しみ悶えて祈りを捧げられた園がありました。そのみ苦しみの場所から、まるで凱旋将軍のように天に昇られ、「全能の父なる神の右(すなわち、御支配の座)」(使徒信条)に就かれたのです。主は終わりの日、すべての敵をご自分の足下に置くまで全世界とその歴史を支配され、「王の王、主の主」(黙一九・一六)として崇められます(一コリ一五・二五参照)。この意味において、キリストはわたしたちすべての者に対して、否、全被造物に対して、偉大な王です。彼の御業を賛美することこそ、歴史の究極の目標となりました。なぜなら、この王はヘロデのような暴君ではなく、良い羊飼いとして、「羊のために命を捨てる」(ヨハ一〇・一四)王であり(マタ二・六参照)、わたしたちの心を治め、平安と喜びを与えるために、王としてお生まれになったからです(同二・二)。すべてのキリスト者は、この王を慕い、その御前にひざまずくことでしょう。

キリスト者とは、自分が自分の王であることを止め、キリストという「天」にいますまことの王の御支配を喜んで受け入れ、悔い改めの道を歩み始めた「神の民」です。[37] 彼はこの王に祈り、服従し、その再臨を待ち望みます。イエスは「わたしは、ダビデのひこばえ、その一族、輝く明けの明星である」(黙二二・一六)とご自身を証しされます。キリスト者にとっての、ただ一つの慰めと喜びは、「わたしが、身も魂も、生きている時も、死ぬ時も、わたしのものではなく、わたしの真実なる救い主イエス・キリストのものであることであります」(『ハイデルベルク信仰問答』問一)。

また、その意味において、キリストは教会の主でもあります。後にわたしたちは、「イエス・キリストだけが教会の主である」という重要な教会形成の原理を高く掲げることになりますが（第3巻第3章第1節参照）、この原則は、キリストがまことの王であるということから出てきます。

(3)さて、わたしたちの伝道論を展開する場合、最も重要な意味を持つものは、普通にイエス・キリストの「預言者職」と呼ばれるものです[38]。ちなみに、「預言者」とは、神の言葉を「預かり」、その言葉を人々に宣べ伝える者という意味です。その意味において、「ノストラダムスの大予言」のような、世間で言う「予言者」（将来のことを予め言い当てる者）とは、日本語の発音は同じですが、神学的意味は全く異なります。イエス・キリストは全人類に対する神の永遠の「言《ことば》」であり、「言」として生まれました（ヨハ一・一四）。そして、ご自身を指さし、ご自身こそが永遠の真理であることを人々に証しされます（同四・二六、一四・六、一七・一七）。そして、「真理はあなたたちを自由にする」（同八・三二）のです。

したがって、イエス・キリストはその預言者職において、旧・新約時代を通じ、あらゆる時代のすべての人々に福音の真理を告げ知らせるただ一人の「啓示者」です（同一四・九）。彼がわたしたちの心の扉をたたかれます。「見よ、わたしは戸口に立って、たたいている。だれかわたしの声を聞いて戸を開ける者があれば、わたしは中に入ってその者と共に食事をし、彼もまた、わたしと共に食事をするであろう」（黙三・二〇）とある通りです[39]。

ただし、彼は単独で「啓示者」であるのではなく、常に聖霊と共に働かれます。逆に、聖霊もまた、決して単独では働かず、神の言であるキリストから遣わされ、キリストと共に働き、キリストを証しされます。したがって、昔から三位一体論の中の重要な定理として、「三位一体の御業は、外に対しては、分かたれない[40]」（opera Trinitatis ad extra sunt indivisa）と語られてきたのです。

ここで表明された考え方、すなわち、神の言たるキリストが常に聖霊と共に働くという考え方には、非常に重要な神学的真理が隠されています。なぜなら、ここで問題となっている事柄は、罪を犯して原罪を負い、サタンのとりことなって滅びるより他なかった人類が、キリストの贖いによって新しく「再創造」（二コリ五・一七）されるとはどのようなことであるかという問題に他ならず、伝道論がその上に基礎づけられるような重要な事柄であるにもかかわらず、往々にして無視されてしまうからです。古プロテスタント主義の最大の欠点と言われる、義認から聖化が生まれず、キリストの贖罪が人間を罪から解放する力を持ち得なかった最大の理由も、要するに、信仰が聖霊によるものであることがすっかり忘れられ、ただ教会が告白する信仰箇条の文面を（知的に）後生大事に受け入れて承認すればそれで天国行きの切符が手に入ると考えた信条主義の過ちです。わたしたちは、そのような過ちに陥らないよう、しかるべき時には、[41] きちんと論じたいと思います。

第3節　キリストのものとされた人間

本節では、「キリストのもの」とされた人間、すなわち、「キリスト者」について考えます。ここで考えたいことは、聖霊が彼に注がれ、内住してくださるゆえに（第1項参照）、彼は義認と聖化と召命の恵みを受け、聖霊によって再生・変革されるとともに整えられて、積極的・主体的・責任的に御国の建設のために神と共に働く人とされる（第2項参照）ということについてです。

1　キリスト者における聖霊の導き・注ぎ・内住

まず初めに、キリスト者における聖霊の働きについて考えたいと思います。

聖霊は神とわたしたち信仰者との関係においては、わたしたちに神を求めさせ、キリストと共にわたしたちの心に住んでわたしたちが神の子であることを確信させる力であり、神とわたしたちとの「愛の絆」です（ロマ五・五、八・一六参照）。また、信仰者に罪の力からの自由を得させ、その心を照らし、彼にキリストの復活の力を確信させ、神を愛させると共に、そのもろもろの恵みの約束をわたしたちに封印する神ご自身であり、その力です[42]。聖霊は父の霊であると同時に、イエスの霊でもあります。そして、旧約時代にも働いておられました（一ペト一・一一参照）。

(1)聖霊のお働きとしてまず初めに考えるべきことは、わたしたちがまだ神を知らなかった時、わたしたちを導いて神を求めさせ、教会の門を叩かせたのは聖霊であったということです。これを、聖霊の「（一般的）教導（magisterium）」の働きと呼びます。

創世記一章二節の御言葉に依るならば、原初の時、聖霊なる神はあたかも牝鶏が雛を覆い慈しむように混沌と暗闇の世界を包んでいたとされます[43]。聖霊が今も神を信じないこの世を覆い包み、完成へと導こうとしておられることに間違いはありません。聖霊は教会の前身であるイスラエルをお建てになり、キリストの救いを証しされました（一ペト一・一一参照）。また、聖霊はモーセや士師や王や預言者たちを感動させ、彼らをご自分の民に派遣し、諸々の危機から救われました。また、預言者らの上に下り、彼らの中に入り、導き、遣わします。そのように、人間は聖霊という一つの人格的な力に捕えられ、初めて神を想う想いを植え付けられます。命も水気もなく、バラバラで、ただ甚だしく枯れ果てたような骨にも神の言葉が語られ、御霊が吹き込まれると、骨と骨がくっつき合い、その上に筋と肉が生じ、皮膚が覆って一人ひとりが生き返り、一つの完全な神の民が生まれます（エゼ三七・四以下）。そのお働きの結果として、イスラエルが形成されました。

聖霊は今日の新約時代においても、混沌としたこの罪の世を包み、人々を教会へと導き、キリストと出会わせます。その意味において、聖霊はわたしたち一人ひとりを母の胎にある時から聖別し（詩一三九、エレ一・五、ガラ一・一五など）、さまざまな道のりを経て神を求めさせ、教会へと導かれた当のお方です。また、神の民の教会を形成されるお方です。わたしたちが自分から神を求めて教会に来たのではありません。この「聖霊の（一般的）教導」において、すでに神の選びと導きがあったのです。

⑵次に考えるべきことは、聖霊がわたしたちの心に注がれ、御言葉と共に働いて、キリストを「証し」(testimonium）するという、その最も重要で中心的なお働きです。申すまでもなく、キリストの御名を信じ告白することは、人間の力によっても、教会の助けによってもできません。ただ聖霊のみがそれを可能とします。わたしたちが神に受け入れられたという「義認」は、人間の一切の協力なしに、人間を排除したところで、神が一方的に行われた御業です。それをわたしたちは、注がれた御霊によって「証し」され、御霊の力によって信じさせられます。わたしたちが自分の力で信じたことのご褒美として、義と認められたわけではありません。

　聖霊の証しにつきましては、何度も引用された聖句、「神の霊によって導かれる者は皆、神の子なのです。あなたがたは、人を奴隷として再び恐れに陥れる霊ではなく、神の子とする霊を受けたのです。この霊によってわたしたちは、『アッバ、父よ』と呼ぶのです」（ロマ八・一四―一五）が最も良い説明を与えてくれます。なぜなら、ここで使われている「神の子」の「子」という言葉は、聖書では通常、永遠の父の永遠の御子（イエス・キリスト）に対してだけ使われる、「ヒュイオス」[44]（息子、嫡子）という言葉だからです（マコ一・一一参照）。神の愛する「息子」（ヒュイオス）とせられたということは、神との交わりが再開され、御国の相続人となったことを意味します。ちなみに、厳格な父系社会であった当時のローマの法律では、正式に養子縁組をすることは非常に困難で、手続きも複雑極まりなく、証人だけでも七人もそろえなければならないほどのものでした。それ以上に難しいのが、奴隷の身分から自由人の養子となることで、一人の人の命の値段に相当する「贖い代《しろ》」を支払わなければなりませんでした。

　わたしたちが神の子であるという最も根底にある、最も重要なことは、わたしたちが神を「アッバ、父よ」と呼んで祈る祈りの霊[45]を注がれたことです。聖霊は、わたしたちの中に注がれ、汚れた霊を浄め（または駆逐し）、

「神の愛を注ぎ」（ロマ五・五）、罪を認め、神を神として認めさせる力です。わたしたちは、十字架の愛を知って初めて、神を「父よ」と呼ぶことができます。神の御霊だけが、この想いと祈りを授けてくれます。譬えて言えば、子が何かの事情で、生みの親と生き別れとなり、長い歳月を経て再会したときに、自分の生みの親を「お父さん」「お母さん」と呼ぶことは極めて困難です。本来そう呼ぶべきで、相手がどんなにそれを待ち望んでいるかが痛いほどよく分かっていても、なかなか呼べません。子は生涯呼ばないかもしれません。しかし、もし呼んだとしたら、その瞬間こそ、親と子のわだかまりが解け、決定的な「和解」が起こった瞬間です。人間では、証人を何百人そろえてもどうすることもできないことを、神の御霊が成し遂げてくださいます。

わたしたちが聖霊の切なる呻きと執成しにより（同八・二六）、神を「父よ」と呼ぶ時、わたしたちは自分が恵みによって神の子とされたことを確信し、自分の人生は神の子の人生であると断言できます。そしてこの祈りから、一切のキリスト者の「善い業」と死に至るまでの従順が生まれます。

したがって、キリスト者となるとは、神を「父よ」と呼ぶ者となることであり、それ以上でも、それ以下でもありません。その人は、生まれたばかりの幼子のように神に感謝する生涯を送り、心の底から神と隣人を愛し、福音を告げひろめたいと願うようになるでしょう。それを支えるものが、神を「父よ」と呼ぶ祈りです。逆に言えば、神を「父よ」と呼ぶことに基づかない業に、善い業は一つもありません。むしろ、「異邦人の美徳は絢爛たる悪徳である」（テルトゥリアヌス）という言葉さえあります。

(3) 一旦わたしたちの中に注がれた聖霊は、わたしたちの内に親しく住んでくださり、わたしたちをキリスト信者とさせてその歩みを最後まで全うさせてくださいます。このことを、信仰者における「聖霊の内住」と呼びます。それによって、わたしたちは「義認・聖化・召命」の恵みにあずかることができます。もし仮に聖霊がわたしたちを見捨てるならば、わたしたちは次の瞬間「生ける屍」となり（エゼ一〇・一八参照）、本来ならば、呼吸さえできなくなるでしょう。しかし、わたしたちはそのようなおびえによって信仰生活を乱される必要は少しもなく、神に信頼することができます。これが、「聖霊を信ずる」ということです。

キリスト者が神に従おうとする戦いは、せんじ詰めれば、神を「父よ」と呼ばないあらゆる力に抗して「父よ」と呼ぶ戦いです。だとすれば、この戦いは、生涯、聖霊が「言葉に現せないうめきをもって執り成してくださる」（ロマ八・二六）戦いなしにはあり得ません。したがって、聖霊はわたしたちの祈りを助け、導き、共にうめきつつ祈るお方として、わたしたちの中に内住されます。そのようにして、キリスト者は世と罪の力に勝利し、キリストと共に苦難をも喜んで受け、やがてこの地上の生涯を終えた後には、天に迎えられ、キリストと共に御国を嗣《つ》ぐ者となるのです（同八・一七）。

ただし、「聖霊の内住」といっても、一旦洗礼を受けた者がその後は恒久的に聖霊を「所有」できるという意味では全くありません。むしろ、聖霊がその人を所有してくださると言うべきでしょう。

したがって、キリスト者は日々御言葉に接し、祈ることにおいて、聖霊に満たされたキリスト者となり得ます。反対に、御言葉や恵みの御座（祈り）を軽んずれば、信仰のダイナミズムはいつの間にか失われ、信仰は形骸化します。

キリスト者は、この内住される聖霊と一体となって神と「共に働く者」となります。なぜなら、ローマの信徒への手紙八章二八節で「神は、神を愛する者たち、すなわち、ご計画に従って召された者たちと共に働いて、万事を益となるようにして下さる」（口語訳）と述べられているからです。この訳は口語訳聖書の訳し方ですが、これが正しい訳であると考えます[46]。この聖句は明白に、人間は主なる御霊によって再生・変革・整備され、彼自身、その幇助・主導的な導き（教導）・執成しを受けて、神と共に主体的・積極的・責任的に働くと証ししています。

2　義認・聖化・召命

わたしたちはさらに、この「聖霊の内住」によって神の「子」とされたキリスト者は、神に義と認められ（「義認」）、聖なる者とされ（「聖化」）、神の和解の業のために召されている（「召命」）ことについて、論述を進めたいと考えます。

キリスト者の内に住む神の御霊の再生・変革・整備または教導・幇助・執成しによって、義認と聖化と召命が起こります。「義認」とは、神の方に向き直らされ、神との交わりに加えられたことであり、それは同時に、「聖化」、すなわち、神との交わりを許された者として、神に向かって積極的・能動的・主体的に生きるようになったことであり、さらに同時に、「召命」、すなわち、神の栄光のために己をささげて生きるようになったことです。

したがって、「義認」と「聖化」と「召命」とは、決して三つがバラバラに起こるものではありません。また、時間的順番で起こるものでもありません。むしろ、この三者を切り離すと、そのどれ一つを欠いても、他のものは内実を失います。神に義とされたことを確信しながら、その人に聖化の恵みも召命の恵みも働かないキリスト者はあり得ませんし、義認と聖化だけはリアルであっても、一向に伝道をしたがらないキリスト者もあり得ません。なぜなら、義とされたキリスト者はもはや、自己実現のために生きるのではなく、神のものとして、神に向かい、神の栄光のために生きることを最大の喜びとするからです。「あなたがたは、イエス・キリストを見たことはないが、彼を愛している。現在、見てはいなくても、信じて、言葉につくせない、輝きに満ちた喜びにあふれている。それは、信仰の結果なるたましいの救いを得ているからである」（一ペト一・八―九、口語訳）とある通りです。

もし義認と聖化と召命が切り離されてしまうと、信仰の喜びはなくなり、神の高価な恵みはその人の中でたちまち「安価な恵み」（D・ボンヘッファー）となってしまうでしょう。

(a)義認について

申すまでもなく、神がわたしたちを「義」と認められたことは、御霊によってわたしたちに信仰が与えられたことと全く同じです。これを、「ただ信仰のみによる義認」と申します。この場合の「による」とは、義認を獲得する手段や資格を意味しているのではなく、「義認」の恵みを受け入れる受け取り方は、ただそのことを信ずるより他にないという意味です[47]。彼は御霊の力により、神による断罪を受け入れ、神を義として己を不義とし、悔い改めてキリストによる赦しを信ずる者となり、恵みの支配領域に移し入れられます。もちろん、義認はただ一度だけでなく、御言葉を聴いて信ずるたびごとに、繰り返し起こります。

この際留意すべきことは、ローマ・カトリック教会が同じ「義とする」という新約聖書のギリシア語（「ディカイオオー」）を長い間「義化する」（〔独〕Recht*machung*）と訳してきたのに対して、宗教改革者たちとプロテスタント教会は「義と認める」「義認する」（Recht*fertigung*）と訳することにこだわり続けてきたことです[48]。その要点は、聖霊を注がれたキリスト者が神の恵みとは無関係にすっかり「義人」と「化」してしまい、「義化」の後はひたすら「聖化」に向かう歩みを開始するようになるというように、「実体概念」で表象する仕方を放棄することです。もともと、ヘブライ語の「義」は「実体概念」（＝ものの本質が何であり、性質がどうであるか）ではなく、「関係概念」（人格と人格の関係がどうであるか）です。宗教改革者たちが使った「同時に義人にして同時に罪人」（simul iustus, simul peccator）という言葉は、「神によって義とされた人」を無理やり「実体概念」で表現するとそうなる、ということでありましょう。もちろん、キリスト者はこの世にある間はなお「肉につける者」であり、罪との戦いから完全に解放されたわけではありません。彼の霊は依然として弱く、御霊と共に呻き苦しんでいて（ロマ八・二三以下参照）、まだ見ぬ「体の贖い」（同八・二三参照）を切望しています。しかし、神の和解を受けたキリスト者は、既に罪の支配領域から恵みの支配領域へと完全に捕らえ移された以上、罪の奴隷ではありません。たとい罪を犯しても、その罪が再び燃え上がって彼の全身を焼き滅ぼすことからは守られています。何よりも、彼の罪はもはや、キリストの贖罪により、神によって「罪」とは認めてもらえなくなってしまったのです。これが義認です。それゆえ、彼は一層神に感謝し、罪を犯すまいと努めるのです。

したがって、義認とは、「キリストのものとされたこと」の一つの局面であると言えましょう。

(b)聖化について

義とされたとは、神との交わりに入れられたことです。それゆえ、日々神の恵みに感謝し、「以前のような生き方をして情欲に迷わされ、滅びに向かっている古い人を脱ぎ捨て、心の底から新たにされて、神にかたどって造られた新しい人を身につけ、真理に基づいた正しく清い生活を送るように」(エフェ四・二二―二四)なることです。「あなたがたは、キリストと共に復活させられたのですから、上にあるものを求めなさい。そこでは、キリストが神の右の座に着いておられます。……あなたがたの命であるキリストが現れるとき、あなたがたも、キリストと共に栄光に包まれて現れるでしょう」(コロ三・一、四)とも書かれています。このように、新しくされた人間として神に向かって生きることを、「聖化」と呼びます。聖化とは、義認が中途半端であり、一層完全な義を獲得するために、さらに自力で聖化への道を歩まなければならないということではありません。聖化は、キリスト者が神との交わりに入れられたことへの「感謝」に基づき、祈りと礼拝が回復され、その生の全領域において日々古い自分に死に、新しい自分に生まれ変わって生きるように変えられることです。また、そうなることを積極的・主体的・責任的に欲する想いを与えられることです。それゆえ、これもまた、「キリストのものとされたこと」の第二のステージのようなものではなく、あくまでも、第二に言及されるべき「局面」にしか過ぎません。

したがって、「感謝」の中には、純粋に受動的に自分に与えられた恵みを(知的に)認識して「感謝」する側面と、「感謝」して主体的・能動的に神のために生きようと意志する能動的側面の二つがあります。いずれも御霊の御業です（前者は再生・変革・整備という働きであり、後者は教導・幇助・執成しという働きです）。常に御言葉に接し、救いに感謝する人は、神に喜ばれる良き業、すなわち、御霊の実である「愛、喜び、平和、寛容、親切、善意、誠実、柔和、節制」（ガラ五・二二―二三）の実を結ぶようになりましょう。それは、キリスト者が御言葉の養分を得て「自然に結ぶ実」ですが、当然、肉との激しい戦いや葛藤があり、努力や精進があります。ただ、その努力や精進そのものが神の御霊のご支配（教導と幇助と執り成し）の下に「感謝」から自然に出ることであり、「良き戦い」なのです[49]。「わたしは、既にそれを得たというわけではなく、既に完全な者となっているわけでもありません。何とかして捕えようと努めているのです。自分がキリスト・イエスに捕えられているからです」（フィリ三・一二）とある通り、受動から能動が自然必然的に生まれます[50]。

(c)召命について

「キリストのものとされた」キリスト者は、もはや自分の栄光のためではなく、神の栄光のために生きようと欲し、それが彼の最も深い願いとなり、喜びとなり、生きる目的となります。これを、「召命」に生きると言います。「召命」もまた、同じ「義認」と「聖化」の恵みであるゆえ、それらと同時的に起こるものです。召命を受けたキリスト者は、キリストの祭司、また、復活の証人としてこの世に遣わされ、「福音の前進」のために生きる人となります。したがって、召命は「キリストのもの」とされたキリスト者の第三の「ステージ」ではなく、単に第三の「局面」にしか過ぎません。

「召命」も「義認」や「聖化」と同様、ある特定の献身した伝道者が、ではなく、聖・俗を問わず、すべてのキリスト者が受ける恵みです。また、その人の存在の一部分が、ではなく、その職業生活・家庭生活・社会生活を含めた全存在と全生活があずかる恵みです。また、その人の生涯のある限定された期間だけ、ではなく、全生

涯にわたって受けます。これが、プロテスタント教会が宗教改革以来大事にしてきた、「万人祭司」の考え方です。(51)

したがって、キリスト者の職業や結婚もまた、単なる生きるための苦役（創三・一七）でもなければ、安定した生活のためでも、社会参加や歴史参加や種の保存という普遍的義務の遂行のためでもなく、自らが受けた召命として、救済史の中で考えられるべきものです。そのようにして初めて、キリスト者の能動的・主体的・責任的な「自己同一性（self-identity）」が生まれます。

第4節　恵みの支配領域としての「キリストの体なる教会」

神との和解によって神と人間との間に途絶えていた交わりが原理的・根本的な意味では回復され、「和解の事態」が成立しました。これはすなわち、信仰によって義とされた神の民が罪の捕縛から解き放たれ、「罪の支配領域」から一挙に「恵みの支配領域」へと捕らえ移されたことを意味します。これが、パウロが書簡の中で何度も強調している、「キリストにあって」（エン・クリストー）という御言葉の意味に他なりません。

さてわたしたちは、本節でこの「恵みの支配領域」という言葉の意味内容を、もう少し明確にしておかなければなりません。

わたしたちは、聖書の明瞭な考え方によれば、神の憐れみを受けて召された人々の群れ（教会）と、まだ神の憐れみを十分には知らず、和解の福音を知らない人々、つまり、コリントの信徒への手紙二、五章一九節で述べられている「世」とは、明らかに、暫定的・相対的にではありますが、しかし、明確に区別されていることを知っています。「神はキリストによって世をご自分と和解させ、人々の罪の責任を問うことなく、和解の言葉をわたしたちにゆだねられた」（二コリ五・一九）とある通りです。信仰を呼び醒ます聖霊もまた、「思いのままに」（ヨハ三・八）ではありますが、抽象的・無秩序に働かれるわけではなく、常に神の言と共に、神の言が語られる時と所において、働かれます。なぜなら、昔から三位一体論の中の重要な定理として、「三位一体の御業は、外に対しては、分かたれない」（Opera Trinitatis ad extra sunt indivisa）と語られてきたからです。このように、「キリストの体なる教会」と「世」とは、概念的には明確に区別されなければなりません。

しかしながら、父なる神によって死人の中から甦らされ、天に昇り、神の右の座（＝支配の座）に就かれて「王の王、主の主」と崇められるようになったキリストの王権およびその支配領域は、目に見える教会にはとどまりません。それは端的に言って、「教会」と「世」の両方を含めた「全世界と全歴史」に他なりません。「ユダにみなぎり、首に達し、溢れ、押し流す。／その広げた翼は／インマヌエルよ、あなたの国土を覆い尽くす」（イザ八・八）とあり、また、「『すべてのものを、その足の下に従わせられました』と言われている以上、この方に従わないものは何も残っていないはずです」（ヘブ二・八）とある通りです。言い換えれば、キリストが御霊と共にお働きになり、人間に信仰を呼び起こす可能性のある恵みの支配領域とは、本来的・原理的に言えば、「全世界と全歴史」です。「全世界と全歴史」が、キリストの王職だけでなく、その預言者職の対象であり、神の和解の恵みが完全に支配する空間・時間であるというのが、聖書の告げるところです（マコ一六・一五参照。なお、詩一九・五には、「その言葉は世界の果てに向かう」と謳われています）。

したがってわたしたちは、次の二つの対概念の相互関係を明らかにしておかなければなりません。[52]

①神の国とキリストの王国

②教会とこの世

1　神の国とキリストの王国

わたしたちはまず初めに、「神の国」（Regnum Dei）と「キリストの王国」（Regnum Christi）の違いを明らかにしておく必要があります。

(1)生前の主イエスが説かれた福音のメッセージは、要約すると、「時は満ち、神の国は近づいた。悔い改めて福音を信じなさい」（マコ一・一五）でした。それはあたかも、列車が既にすぐ近くまで来ていて、今にもホームに突入せんばかりという切迫さにおいて語られています。主はそれゆえに、悔い改めて幼子のように純真な心で神の国（神のご支配）を受け入れることを説かれました。また、主がなさる数々の力ある業はこの神の国の到来のしるしである、とされました（マタ一一・五、一二・二八など）。したがって、そのご支配を信じて幼子のように受け入れる人に、神の国は既に来た、と告げられます（ルカ一〇・二三以下、一七・二〇以下）。

(2)では、「神の国」（〔ギ〕バシレイア・トゥー・テウー）とは何なのでしょうか。それは辞書的には、「神のご支配（＝国）」または「神の（王としての）統治領域（regnum）」という意味です。それは必ずしも、地上の国々のように領土や軍隊を持ってはいません。「わたしの国は、この世には属していない」（ヨハ一八・三六）と言われた通りです。しかし、王（神）と王に服する民（神の民）とが存在します。

もともと、旧約の「神の国」の約束は終末的なものです。それは、「万軍の主ヤーウェは王である（または、王となった）」という言葉で表明されます（申三三・五、イザ六・五、詩四七、九三編など）。そういう観点から言えば、旧約聖書と新約聖書を貫いて変わらない究極の救いの言葉は、「神は民の神となり、民は神の民となる（または、神はその民と共に住む）」という「神の国」の成就であり、これがすなわち「インマヌエル」（神我らと共にあり）である、と言うことができます。特にヨハネの黙示録二一章三節以下の次の言葉は記憶されるべきでありましょう。「その時、わたしは玉座から語りかける大きな声を聞いた。『見よ、神の幕屋が人の間にあって、神が人と共に住み、人は神の民となる。神は自ら人と共にいて、その神となり、彼の目の涙をことごとくぬぐい取ってくださる。もはや死はなく、もはや悲しみも嘆きも労苦もない』」（その他、申四・二、詩一四四・一五、エレ二四・一七、三〇・二二、三一・三三、エゼ一一・二〇、三六・二八、ホセ二・二五、ゼカ八・八、一三・九、一ペト二・一〇など参照）。その時、「狼は小羊と共に宿り／豹は子山羊と共に伏す。／子牛は若獅子と共に育ち／小さい子供がそれらを導く」（イザ一一・六）、「わたしの聖なる山においては／何ものも害を加えず、滅ぼすこともない。／水が海を覆っているように／大地は主を知る知識で満たされる」（同一一・九）という預言の言葉が成就します。主はご自分のメッセージを、この旧約聖書のお約束の成就として理解しておられます。つまり、生前の主イエスのメッセージは、「イエス・キリストの出来事において、旧約聖書の『神の国』の約束が成就した」というものでした。

(3)ユダヤ教の時代には、ダビデの子孫による地上的なメシア王国が全世界を統治するという、極めて民族主義的に潤色された終末論的希望が語られました。しかし主はご自分を地上的なメシアとはお考えにならず、人々がご自分を王とすることを極力避け（ヨハ六・一五）、むしろ、イザヤ書五三章の意味での「苦難のメシア」と自覚しておられました（マコ八・三一他）。

ただし、この神の国は、主が想い描かれたほど早くは来ず、いわゆる「終末遅延」という事態が起こりました。つまり、「『すべてのものを、彼に従わせられた』と言われている以上、この方に従わないものは何も残っていないはずです。しかし、わたしたちはいまだに、すべてのものがこの方に従っている様子を見ていません」（ヘブ二・八）という事態が起こったのです。したがって、終末までの間は神の右に挙げられたキリストが支配される

「キリストの王国」が続くことになります。それゆえ、「神の国」は完全な形では終末時に成就するものであり、これと、キリストの昇天によって今既に成就している「キリストの王国」とは、概念的には区別されます。

終末時における「神の国」の成就までの道筋をキリスト論的・救済史的に描いたものが、コリントの信徒への手紙一、一五章二〇—二八節の御言葉です。「キリストはすべての敵をご自分の足の下に置くまで、国を支配されることになっているからです。最後の敵として、死が滅ぼされます……すべてが御子に服従する時、御子自身も、すべてを御自分に服従させてくださった方に服従されます。神がすべてにおいてすべてとなられるためです」。

(4)それと共に、「神の国」や「キリストの王国」という言葉よりも、新約聖書ではどちらかと言うと、「教会」という言葉が多く使われるようになりました。これはパウロだけでなく、使徒書簡ならびに原始教会全般にわたって見られる現象です。

しかしこのことは、主イエスの「神の国」のメッセージが変質させられたり、消滅したりしたわけではありません。「キリストの王国」とはキリストの王職の及ぶ範囲のことですから、前述の通り、範囲としては全世界・全歴史がそうです。しかし、その御支配はわたしたちの眼には見えません。主はこの御国のまたたく間の成長を数多くの喩えを用いて熱心に語られました。例えばそれは、すくすくと成長する種（マコ四・二六—二九）であり、蒔かれた時には小さくとも、すぐに大木となって空の鳥が宿るほどになるからし種（同四・三〇—三二）のようなものであると説かれました。

したがって、「キリストの王国」とは、原理的な意味では、まさに「全世界・全歴史」なのですが、現実的にわたしたちの意識に上るものとしては、その恵みの支配を受け入れている「教会」がより前面に出てきます。それは同時に、その教会には「この世」へ福音を伝道する使命が与えられている、ということを意味します。

また、旧約聖書で約束された「神の国」は、イエスの到来によって現在的なものとなったと同時に、それはキリスト者が嗣業として終わりの日に必ず「受け継ぐべき」（一コリ一五・五〇）将来的なものとされます。

(5)以上によって次の二つのことが明らかとなりました。

第一に、「神の国」と「キリストの王国」との間には、時間的なずれがあります。前者は終末的なものであり、後者は現在的なものです。

第二に、現在的な「キリストの王国」は、キリスト者の使命という観点から見られた場合、すでに福音を知らされている「教会」と、まだ知らされていない「この世」との双方を含んでいます。福音は、原理的・根本的な意味では、「インマヌエル」の翼はすでに全世界を覆い尽くしています（イザ八・八）。しかし、キリスト者の使命という観点から見れば、「教会」と「この世」との間には、暫定的・相対的な、しかし、現実的な区別があります。したがって、福音は本質的に、「罪の赦しの福音」であると同時に、「神の国の福音」でもあります。

2　キリスト・教会・世界という同心円の図式

したがってわたしたちは、「恵みの支配領域」という場合に、具体的には、「キリストの体なる教会」に集められ、そこで信仰を与えられ、神を礼拝している者たち（キリスト者）の集いのことを考えなければなりません。

父なる神は、キリストの復活・昇天から再臨までの「中間時」（後述第3章参照）の間、恵み深くも、「地上に教会が存在すること」をお許しくださいます。この教会こそは、神が人々を集め、信仰を起こさせ、神を礼拝させるようにと備えられた聖なる空間です。「キリストの（神秘）体」とも呼ばれます（エフェ一・二三参照）。そのようにして、福音が講壇から語られることによって、またそのたびに、そこに神の恵みが支配する聖なる領域・空間としての「教会」が生まれます。

したがってここに、わたしたちはキリストを中心とする「キリスト－教会－世界」という同心円の図式を描くことができます。その中心には、神の恵みそのものであられるイエス・キリストがおられます。このキリストを中心とし、内側にある同心円（内円）は、和解の恵みが現実的に支配する聖なる空間としての「キリストの体なる教会」（イスラエルを含む）です。その意味で、教会に帰属し、「キリストのもの」とされた一人ひとりのキリスト者から成る教会は、キリストを自分の「頭」とする「キリストの体」と呼ばれ、一人ひとりはその「肢体」です。また教会は、これらキリスト者によって構成される礼拝共同体であるという意味では、「聖徒の交わり」とも呼ばれます。また、この教会に世々にわたって集められた人々が「神の国」に属する人々であるという意味では、「神の民」とも呼ばれます。

この教会の外側に、まだ福音を知らない「世界」（「世」または「この世」）という、より大きな同心円（外円）があります。ただし、教会とこの世との暫定的・相対的区別は、キリスト者の伝道の使命という観点で自覚されなければならず、教会はこの世に対して常に開かれた空間でなければなりませんから、教会とこの世との間の境界線は実線ではなく、点線で描かれなければなりません。(53)

3 「見える教会」

さて、わたしたちはここでもう一つ、具体的に伝道を考えるために、「見える教会」の概念を確立しておく必要があります。「見える教会」とは、建物としての教会堂のことではありません。この世に明確な形を取って現れている「礼拝共同体」としての教会のことです。それは、洗礼を受け、礼拝を守り、聖餐にあずかる信徒たちによって構成されていて、信仰のない人々にもその意味では「見える」ものです。これに対して、「見えない教会」とは、信仰の眼によってしかその存在が分からない、信仰の対象としての教会、「キリストの（神秘）体」のことです。

もちろん、「見えない教会」は「見える教会」とは別の所にあるわけでも、その中の特別熱心で敬虔な人々のグループ（いわゆる「教会の中の小教会」［ecclesiola in ecclesia］）のことでもありません。むしろ、信仰者は「見える教会」の奥に、単なる人間の集まり以上の、その実体である「キリストの神秘体」「聖・一・公同の・使徒的教会」としての「見えない教会」が厳存することを信じます。実際、アウグスティヌスが述べた通り、「われわれに属さないいかに多くの人たちがなお、いわば〔教会の〕内におり、また、われわれに属するいかに多くの人たちが今なお、いわば〔教会の〕外にいることであろうか。神はだれがご自分に属する者であるかを知りたもう」[54]のです。もちろん、終わりの日の最後の審判の時まで、「見えない教会」は人間の目で見ることができません。「刈り入れまで、両方とも育つままにしておきなさい」（マタ一三・三〇参照）と主が言っておられる通りです。

それに対して、未信者の目には、「見える教会」は単なる宗教団体でしかなく、その奥にキリストが選ばれた真の「見えない教会」があることは、認識することができません。

重要なことは、このキリストの名によって建てられた「見える教会」が、初めて伝道の中心的な主体となり得るということです。「見える教会」の基礎は、申すまでもなく洗礼です。キリスト者は洗礼のサクラメントによって「キリストと共に葬られ、その死にあずかるものとなり」（ロマ六・四）、「エクソダス」を経験し、「神の民」となりました。その現実態が礼拝であり、特に、聖礼典です[55]。

もちろんわたしたちは、内村鑑三が「無教会」を理想とした理由は分からないわけではありません。しかし、わたしたちがこの日本という伝道途上国において真剣に伝道を考えようとする場合には、無教会ではなく、「見える教会」を建てることを真面目に考えなければなりません（もちろん、それが人々の躓きとなり、足で「踏みつけられる」〔マタ五・一三〕ようになってはいけませんが）。その最大の理由は、キリストご自身が受肉し、「見える神の言」となられたからです。またキリストは、「大伝道命令」で、「彼らに洗礼を授けよ」と命じられました

（同二八・一九）。パウロもまた、「口で告白する」という「見える」行為が必要であると強調しています（ローマ一〇・九）。キリストのご命令を無視し、いつまでも無教会を理想と考えているようでは、日本のキリスト教はいつまでも「外来の」「中産インテリ階級」の宗教のままです。その意味において、これからわたしたちが「教会の形成」と言う場合、それは主としてこの「見える教会」の形成を意味します。

第3章　和解の福音に生きる教会

教会は神の国の到来を願っています。なぜなら、神の福音は決して個人の魂が救われることだけでなく、「この世」が神と和解し、救われることを最終目的としているからです。このことは、わたしたちが前章の冒頭で、ヨハネによる福音書三章一六節の聖句を引用しながら、福音には常に二つの側面、すなわち、「個人の救い」および「この世」（世界）の救いがあると述べた時にすでに明らかにした通りです。そこでわたしたちは、ようやく、教会の宣教の目標である「神の国」の到来と歴史の完成について述べることができる段となりました。

しかし、個々のキリスト者が「キリストの体なる教会」の肢体とされ、罪の支配領域から恵みの支配領域へと移されたことと、その教会が「伝道する教会」となり、やがて救いが完成して世の終わりがくるのを待ち望むようになることとのつながりはどうなっているのでしょうか。言い換えるならば、教会はどのようなことがはっきりしたら、真に「伝道する教会」となれるのでしょうか。

というのも、教会が伝道することが大事であることは十分によく分かっていても、では、この伝道困難な日本社会において、牧師も信徒もどのような信念を持ち、どのような考え方に立てば、喜んで伝道するようになるのかという問題の解明は、決して容易ではないからです。わたしたちは少なくとも、これらの問題は単なる技術論や方法論や実践神学プロパーの問題ではなく、それ以前の問題が、やはりあるのではないかと考えます。それはつまり、伝道への意欲はどこから与えられるのか、ということです。神との和解を受け、義認と聖化と召命の恵みに与るべく召されたわたしたちキリスト者は、どこに立ち、どこから出発したらよいのでしょうか。

私見によれば、前章第3節の最初に述べました事柄が、ここで極めて重要になってくると思います。すなわち、キリスト者とは神を「父よ」と呼ぶ存在であり、彼のすべての善い業は——と申しますのも、伝道も「善い業」の中の最も重要なものの一つなのですから——この神を「父よ」と呼ぶ祈りや礼拝から出てくるものでなければならないということです。逆に言えば、神を「父よ」と呼ばない一切の業は、父に喜ばれる業ではないということです。したがって、神を「父よ」と呼ぶことと無関係なところからは、伝道論は出発できません。実際わたしたちは、教会の中で神を「父よ」と呼び、礼拝しているのです。

そうであるとするならば、わたしたちが神との和解を受けて永遠の命に与る喜びと、伝道をすることとの間の「最も太い一本の線」とは、神を「父よ」と呼ぶことから出てくると考えるべきでしょう。そして、もしそうであるとするならば、神を「父よ」と祈る祈りがどのような祈りとなるべきかを、わたしたちはすでに教えられています。他ならぬ、主イエス・キリストが弟子たちに教えられた「主の祈り」がそれです。

実際のところ、この「主の祈り」は、祈りを終えてお帰りになる主イエスのお顔の満ち足りた輝きを見ていた弟子たちが、「(バプテスマの)ヨハネがその弟子たちに教えたように、わたしたちにも祈ることを教えてください」とせがんだ時に、教えられた祈りです(ルカ一一・一以下参照)。主がその時、普段ご自分が祈っている祈りとは全くレベルも内容も違う祈りを教えられたとは考えられません。むしろこの祈りは、主ご自身がいつも祈っておられた祈りであり、主がそれによって十字架への道を歩み通され、それに支えられて御苦しみにも耐え、御国の約束を成就し、父の御栄光を顕わされた祈りです。したがってこれは、どう祈ったらよいか分からない弟子たちに、ちょうど幼子が習字を習う時に、筆を持つ自分の手の上にお師匠が手を重ねて一緒に筆を動かしてくださるように、主がご自分の弟子たちに、すなわちキリスト教団に、「こう祈りなさい」と公式に教えられた祈りであると言えます。

伝道するとは、この「主の祈り」を祈られた主の御業を継承することに他なりません。それに教えられ、また、そのように生きることです。またこの祈りは、父なる神がお聴きになり、受け入れてくださった祈りです。さらにまた、マタイによる福音書ではこの祈りは第六章に書かれていますが、それは位置的にも御国の生活を説いた「山上の説教」の中心に置かれています。つまり、山上の説教は、この祈りがあることによってその性格が決定的に「弟子たる者たちへの主の垂訓」という性格を獲得しています。そしてそれは、わたしたちがキリストの弟子となり、福音を宣べ伝える教会を形成する最良の拠り所と力と指針を与える祈りなのです。

ですから、王なるキリストに仕え、「和解の福音」に生き、それを宣べ伝える和解の使者たる教会のすべての力とエネルギーと方向づけは、神を「父よ」と呼ぶ姿勢、具体的に言えば、「主の祈り」を祈る姿勢（「祈り」の中には、当然「礼拝」も含まれています）から与えられ、整えられると考えてよいでしょう。すなわち、神に向かって「天の父よ」と祈り、「御名が崇められますように」と祈り、「御国が来ますように」と祈り、「御心が行われますように、天におけるように地の上でも」と祈ることが伝道する教会の基本姿勢であると言うことができます。同時にその教会は、それに付随して、この世とその中で生きる自分たちのために、日毎の糧と罪の赦しと悪からの救いを祈る教会でもあります。

この祈りは非常に短く、簡潔ですが、「完全な祈り」と言えます。その意味は、一つひとつの祈りの含蓄が限りなく深く、例えばわたしたちが、「わたしたちの日用の糧を」と祈る時には、この地球の裏側でひもじい思いをしている人々のことも考えて祈り、「罪を赦し給え」と祈る時には、つい最近起こったテロ事件が悲惨な戦争にまで発展しないようにという願いを込めて祈っているような祈りであるということです。

それゆえ、わたしたちは「伝道する教会」について考察するに際して、この「主の祈り」を最も良い指針とし、それに導かれることが最善のことであり、後の（第3巻における）実践論的叙述のためにも、ほとんど完璧な基礎付けができるものと考えます。そのように考えますので、本章の叙述は主として「主の祈り」（特に、その最初の三つの祈り）に沿う形で展開し、具体的な伝道論の基礎づけを行うことといたします。

本論に入る前に、なお幾つかの点について、わたしが「主の祈り」をどのように理解しているかに関する補足説明を加えておきます。

(1)わたしたちは本章で、この「主の祈り」の前半の三つの祈りを特に取り上げます。というのも、この祈り[1]の前半は神に関する祈り（神の御名、御国、御心に関する祈り）、「神のための祈り」であり、まさに神との和解の福音に生きる教会にふさわしい祈りだからです。これに対して、後半の三つの祈り（日用の糧、罪の赦し、悪の誘惑よりの救いを求める祈り）は、そのように生きる教会がこの世にとっても、自分たちにとってても必要な装備や助けを祈る祈りです（後半の三つの祈りは、いずれも「と」（〔希〕カイ）という短い接続詞で結ばれています。いわば、一つにまとめられています）。わたしたちは、これら三つの祈りがいずれも最初の三つの祈りの中に含められていると考えて、本書では詳述しません。なぜなら、神は徹底してわたしたち人間と共におられる決意をされましたので、神のことが祈られる時、何一つわたしたちの困窮と欠乏に無関係な祈りはないからです。

(2)「主の祈り」の最初の三つの祈りは、原語では、いずれも「あなた」（〔希〕スー）という言葉が文章のいちばん最後の、（文頭と同じく）強調される位置に置かれています。つまり、主イエスにとりましては、父なる神の御名、その御国（御支配）、その御心というものが、寝ても覚めても最大の関心事であったことが分かります。このように祈る主のご熱心、その深い悲しみや喜び、その強いご意志が、そのままわたしたち日本人キリスト者の心の最も深い想いとなり、悲しみや喜びとなり、強い願いとなる時に、日本の教会は大きく変えられ、信仰の復興が起こります。また、それ以外に教会が生き返る道はありません。

(3)「主の祈り」を祈る眼差しは、最初は「天」に向けられ、次第に「地」に向かっています。初めに「天におられるわたしたちの父よ」と呼びかけられる時には、祈る者の眼差しは完全に天に向けられています。最初の祈り「御名が崇められますように」においては、ただ神ご自身のことだけが祈られています。人間の生活の必要や願いや課題や重荷については、一言も触れられていません。第二の祈り、「御国が来ますように」も、天にいます神の地に対する主権が祈られています。ようやく第三の祈り、「御心が行われますように、天におけるように地の上にも」に至って、初めて眼差しは地に向けられます。その代わり、第四の祈り「わたしたちに必要な糧を」以下においては、徹底的に「地」の困窮と欠乏が祈りの課題となっています。このように、徹底的に神中心の祈りであることによって、「主の祈り」は力強い祈りとなっていると理解します。

第1節　「御名が崇められますように」と祈る教会

初めに、「御名が崇められますように」(マタ六・九)という祈りの意味について考えたいと思います。この祈りの意味は最もつかみにくく、ともすると、初心者には単なる挨拶か枕詞のように思われてしまいがちです。それは、前述の通り、わたしたちにとって最も縁遠いこと、神の「名」(ヤーウェ)についての祈りだからです。しかし、「名」とは、古代世界では一般にそうであったように、その名の持ち主の御人格そのものを表し、御人格と同等の重さを持っています。したがって、ここでは本当は、最も究極的で本質的な事柄について祈られていることになります。すなわち、神が(わたしたちの間でも)神となり、その御名が崇められますようにという祈りです。平たく言えば、神が全被造物によって礼拝されますようにという祈りです。なぜならば、神が神となって、はじめて、人間は人間となることができる（神学の第一公理参照）ということは、全宇宙と全歴史を通じて永遠に変わることのない真理だからです。

ちなみに、この祈りを原語通りそのまま直訳しますと、「あなたの御名が聖とされますように」となります。「聖」の原義は「俗世間とは全く分かたれていること」です。聖書で「俗世間」と言えば、「食べたり飲んだり、めとったり嫁いだり」（マタ二四・三八）という、衣食住（つまり、個体の保存）と種の保存の世界のことです。それ自体が罪ではありませんが、神をその中に引きずり下ろして取引の相手とすれば、神を神として崇めず、感謝もせず、空しい思いにふけっている偶像礼拝の罪となります（ロマ一・二一参照）。

その意味で、われわれ日本人の祈りとは全く違います。われわれ日本人にとって、神は人間と同格か、それ以下です。神仏を拝んでいても、もしご利益がなければ平気で別の神に乗り換えます。それと同じ意味において、わたしたち人間は神を汚し続け、御名を踏みにじり続けてきました。「主の名をみだりに唱えてはならない」（出二〇・七）と戒められ、「神の顔を見た者は必ず死ぬ」（同三・五、イザ六・五など参照）と告げられなければならない理由です。

以上のように考えれば、この祈りは、先ず自分自身が「神を神とする」ための祈りです。わたしたちが神を神とするときに、神の栄光がわたしたちの中でますますその重さを増し加えられ、御名が大きくされましょう（ルカ一・四七参照）。もちろん、神はもともと栄光と尊厳に満ちたお方ですから、わたしたちがどのように厳かな礼拝を捧げても、それによって神の栄光が一ミリグラムたりとも増し加わるわけではありません。しかし、神が崇められ、大きくなることは、「わたし」が小さくなることです。その意味で、すべての栄光が（わたしたちの中で）ただ神にのみ帰せられることになります。主イエス・キリストは、その全生涯をかけて、わたしたち人類が汚し、踏みにじってきた神の名を聖とし、その栄光を求めて生きられました。

そしてその上で、隣人たち、世界中の人々が「神を神とする」ようにという祈りがこの祈りです。すなわち、神が「霊と真理をもって」（ヨハ四・二三）礼拝されますようにという祈りであると理解されます。ですからこの祈りは、主によって聖とされた御名が、わたしたちの間でも聖とされ、尊ばれ、それによってこの世の根本秩序が御心に適うもとのなりますように、という祈りです。

本節ではわたしたちは、具体的には、神礼拝とは何かを考えます（第２項参照）。続いて、キリスト者の生涯が神の栄光を顕わす生涯であることについて考えます（第３項参照）。それらのために、「世界史の究極の意義は救済史の成就である」というわたしたちの「神学の第三公理」について、最初にご説明しなければなりません（第1項参照）。救済史の成就とは、神の御名が崇められることだからです。

1　世界史の究極の意義は救済史の成就である

主に贖われ、救われた人間が、最も純粋な気持ちで、最も素朴に、最も強く、そして、最も心の底から願うことは、「主の名を呼ぶ」ことでしょう。あのアッシジのフランチェスコという人は、キリストに最も近い人と言われ、今でもわたしたち日本人の未信者にまで愛されている人ですが、彼の信仰の秘密は彼の祈りにある、と言われます。その祈りの言葉を同じ部屋に寝てこっそりと盗み聞きしていた同郷の友人ベルナルドは、それがあまりにも簡素であることに驚きとともに深い感銘を受け、彼の最初の弟子となったと言われます。それは、「わたしの神、そしてわたしのすべてよ！」（My God and my All!）という言葉です。しかもフランチェスコは、この短い言葉をただ一人床に全身を投げ出し、泣きながら夜通し唱えていた、と言われます。「わたしの神、そしてわたしのすべてよ！」とは、わたしのすべてはあなたのもの、わたしの信仰もこの心と体も、そしてこのわたしの祈りもあなたのものです、という意味でありましょう。主イエスのゲツセマネの祈りをほうふつとさせますが、ここにフランチェスコの信仰の神髄があったことがわかります。

一般に聖書で「主の名を呼ぶ」とは、「主に祈る」、または、「主を礼拝する」という意味です。

ところで、ヨハネによる福音書の告げるところによれば、主は十字架上で息を引き取られる時、「すべてが終わった」（ヨハ一九・三〇、口語訳）と語られました。これは、救いに関するすべての事柄は主の死によって完全に「成し遂げられた」（同、新共同訳）という意味です。その意味においては、実際にキリストは甦って天に昇られ、全人類の王となられ、サタン王国は滅びて神の国が成就したと言えます。ですから、主イエスご自身は、ご自分の十字架によって救いの御業が完成すると、ただちに終末が来るとお考えだったようですし（マコ一四・二五、六二など参照。ただし、同一三・三二参照）、初代教会の人々も、初めの頃は、自分たちが生きている間に主が再臨され、終末が来ると考えていたようです（一テサ四・一五以下など）。しかし実際には、終末は著しく遅延し、この二一世紀になっても世界史は続いています。

これをどのように考えたらよいのでしょうか。

それについて、聖書は明確な理由を述べています。それは、父なる神が「一人も滅びないで皆が悔い改めるようにと……忍耐して」（二ペト三・九）待っておられるからだ、と。父なる神は、罪人が悔い改めて救われることを願っておられます。その意味において、「御心に適う人」（ルカ二・一四）たちがすべて神と和解し、主の御名を呼ぶようになることが、今や世界史のたった一つの目標となったのです。ですから、あとは終末さえ来ればよくなったことは、全くの事実です。すなわち、御国がすべての人々の目に見える形で到来し、救いが成就するために、キリストが再臨しさえすれば、この世界のすべてがよくなります。再臨の時には、「キリストはすべての支配、すべての権威や勢力を滅ぼし、父である神に国を引き渡され」（一コリ一五・二四）ます。「最後のラッパが鳴るとともに、たちまち、一瞬のうちに」（同一五・五二）です。その日には、聖霊が一人ひとりに注がれ、人類がまだおぼろげにしか見ていない主の御顔を仰ぎ見、その十字架の御愛がすべての者の眼に明らかとなり、わたしたちは感涙にむせぶより他にないでしょう。その時には、わたしたちが今すでにキリストによって完全に知られているように、キリストのご愛を完全に知るようになります。その時の有様について、使徒パウロはあの有名な「愛の賛歌」の中で、次のように述べています。「わたしたちは、今は、鏡におぼろげに映ったものを見ている。だがそのときには、顔と顔とを合わせて見ることになる。わたしは、今は一部しか知らなくとも、そのときには、はっきり知られているようにはっきり知ることになる」（同一三・一二）。パウロは、今まで自分は十字架もキリストも「知っている」と思い、何千回となく人々に説教さえしてきたのに、それがあまりにも不完全で部分的な、まことに幼子の知識にしか過ぎないことを知るようになるに違いないと予感しているのです。「鏡に映すように」とは、古代の銅を磨いた鏡（コリントの町は鏡の生産地でもあったようです）で自分の顔を映すときのように、ただぼんやりと、おぼろげな形でしか、キリストの御顔を思い描くことができず、十字架の愛の高さ、深さ、広さを理解もしていないという意味です。ですが、終わりの日、すべてが良くなる日には、違うのです。「顔と顔とを合わせて」まみえまつり、御顔を拝し、初めてその十字架の愛の本当の深さ、高さ、尊さのすべてを目の当たりに知るようになり、ただ涙にむせんで泣き伏すに違いないと予感しているのです。そうすると、わたしたちは「もはや罪を犯すことができなくなる」（non posse peccare）と中世の神学者アウグスティヌスは言っています。その後、わたしたちは聖徒たちと共に永遠の愛の交わりの中に加えられ、いつまでも主をほめたたえます。そういう希望をわたしたちは与えられているのです。

しかし、神の国はまだ見える形では来ていません。「わたしたちはいまだに、すべてのものがこの方に従っている様子を見ていません」（ヘブ二・八）とあります。神の国はキリストの十字架と復活において「既に」霊的・信仰的には成就し、終末の完成は全く疑いのないものとなりましたが、終末は「未だ」来ていません。したがって、この「現在」という時は、神学では、十字架の救いの「既に」と終末の完成の「未だ」との間にある、「中間時」と呼ばれます。「中間時」とは、まだキリストを知らず、悔い改めていない人々のために、父なる神が忍耐と寛容をもって待っておられ、彼らの「悔い改めのための時間」として、彼らのために備えられたものです。

「御国のこの福音はあらゆる民への証しとして、全世界に宣べ伝えられる。それから、終わりが来る」（マタ二四・一四）と主が言われた通りです。

そこでわたしたちは、この「中間時」とは、いったいどのような性質の「時」であると考えたらよいのかを、考察したいと思います。

いくつかのことを確認しておきたいと考えます。

(1)父なる神はこの中間時において、「キリストの体なる教会が存在することを許す」という厳かな、しかも、恵みに満ちた許可を与えられました。したがって、中間時は恵みの時であると同時に、「教会の時」でもあり、「伝道の時」でもあります。ここでわたしたちは、すでに述べた「神学の第三公理」を思い起こしたいと考えます。すなわち、「世界史の究極の意義は、救済史の成就にある」という考え方です。[2] この公理は、この中間時における歴史（世界史）の本来の意味はその中で展開される救済史の完成において成就し、神の御国が来、御名が崇められることであり、世界史自体は、単なるそのための舞台装置にしか過ぎず、それ自体では意味を失う、と述べています。イエス・キリストとその再臨だけが、この世の最大の、否、今や唯一の希望、また光となったのです。

(2)和解の出来事がキリストの再臨のみをその最終目的としている以上、終末までの時間は無限ではなく、有限です。それはちょうど、人間の一生が初め（誕生）と終わり（死）によって囲まれているように、ある限界づけられた時間です。

世俗の考え方からすれば、歴史には必ず終わりと完成があるということは、ただちには理解できません。日本の一般思想界が初めて純粋なキリスト教的終末論にナマの形で出会ったのは一九七〇年頃でしたが、[3] それは一種のセンセーショナルな驚きをもって受け止められました（その後は、「オウム真理教」の教理などにも登場するようになりました）。純粋に理性だけで考えれば、カントの有名なアンチノミー（二律背反）説が証明している通り、時間は有限であるとも無限であるとも考えられます[4]。その意味において、時間が有限であることは、信仰によってのみ認識可能です。

もしも仮定された物理学の諸法則と実験データから、宇宙は時間的な起源を持っているとか、この宇宙は拡散よりも収縮に向かい、いつか最後には終末を迎えるという結論が出たとしても、それはあくまでも自然科学上の事柄であって、決して聖書が説く創造論や終末論が証明されたとか否定されたということではありません。これらの問題は、ちょうど宇宙に創造主がいるかどうかという問題同様、だれも信仰なしには不可知であると考えるのが当たり前です。

宇宙時間が有限であるか無限であるかは、人間の実存を考える上においては決定的に重要なはずですが、それが分かるのは、あくまでも信仰によってであるということは、驚くべきことではないでしょうか。

(3)時間が有限であると自覚することは、キリスト者が自分の人生を神の栄光のために生きる人生と考える上で、極めて重要かつ不可欠です。もし時間が無限であるとするなら、神のパートナーである人間の「召命」が極めて曖昧なものとなってしまうからです。なぜなら、世界の罪がすでにキリストの贖いによって解決された以上、宇宙の歴史は「既に」完成されたことになりますから、今の状態が完成の状態となるからです。そうすると、「教会」と「世」の間に点線で描かれるべき境界線（第2章第4節第2項「キリスト・教会・世界という同心円の図式」参照）は、存在しなくなってしまうのです。

ちなみに、近代（大幅に見れば、二〇世紀初頭まで）という時代は、啓蒙思想の影響によって、人々が聖書の終末観は荒唐無稽であると考えるようになり、むしろ、人間の道徳性の向上と倫理的努力によって歴史は無限に進歩し、ついには愛と平和に満ちた〈神の国〉が地上に実現するという、楽観主義的進歩主義が信奉されていた時代です。しかし、歴史は決して進歩しないということは、進歩の思想が謳歌されていた一九世紀に、既にロシアの作家ドストエフキーが名著『カラマーゾフの兄弟』の「大審問官」の章で明確に主張した通りです。この章の中で、無神論者イワンは信仰に生きようとする弟のアリョーシャに対し、勝ち誇ったように「大審問官」の話をします。ある時再臨の主が密かにロシアに現れて逮捕・投獄され、大審問官の尋問を受けます。大審問官はイエスに、「あなたの救いの業によって、今はすべてがうまく行っており、わたしたちは立派な国を建てつつあります。今あなたに出てきてもらっては困るのです。どうぞお引き取りください」と言って主を丁重に、しかし強引に追い返してしまうという話です。この大審問官の考え方は、ドストエフスキーの考えでは、当時ロシアで起こりつつあった共産主義の革命思想だけでなく、そこに潜む一九世紀的な「進歩の信仰」を代表し、ドストエフスキーはそれに対する痛烈な批判を述べているのです。

神ではなく、人間の手でこの世にユートピアを実現できるとする共産主義思想は、二〇世紀に大掛かりに実験され、ソ連邦の崩壊によって、少なくともそのユートピア性は誤りであるとされました（もちろん、資本主義も完全でなものではありません）。続く二一世紀も同様です。いざ蓋を開けてみると、この世紀はテロリズムと人間による自然破壊の世紀でした。なるほど、科学技術や工業技術は進歩し、それによって人類の生活の物質的な意味での富や便利さは増大したし、これからも増大するでしょう。しかし、人間の人間性や社会の問題性や幸福度を考えれば、歴史は少しも進歩していません。ただ過ぎ行くだけです。

したがって、もし歴史に完成があるとしたら、それは歴史が暫時進歩し、ついにこの地上に〈神の国〉が完成するという形にはなり得ません。また、もし歴史が無限に続くとしたら、それは意味も目的もなく、ただだらだらと流れるだけのものとなります。そうすると、世界史の形成とキリスト者の人生目標とは全く無関係となり、人生は単に死に至るまでの間に許された「人間」という生き物の浅ましい「自己満足」の追求の場にしか過ぎなくなります。歴史は有限であり、最後に完成があるからこそ、有意義なのです。

今日、日本だけでなく、全世界のキリスト者が陥っているのは、この種の終末論を欠いた人生観・世界観に他なりません。すなわち、自分は「自己実現」のために創造され、神に愛されてこの世に生まれたと考え、神から賜った自分のあらゆる生物学的な可能性を死までの間にできるだけ生かすことがその願いとなり、「主の祈り」の「御名があがめられますように」も「御国が来ますように」も本当の意味では全く祈られなくなっています。

古代の神学者アウグスティヌス（三五四―四三〇）は、そのようなキリスト者に対して、「あなたはバビロンの川のほとりでエルサレムを想い、涙を流して泣きなさい」と勧めています（詩一三七・一参照）。「しかしながら、愛する者たちよ、『バビロンの川』に目を注げ。この世で愛され、かつ過ぎ去るものはバビロンの川なのである。例えば、ある人は耕作を愛し、それによって裕福になり、それに魂が捕らえられ、そこから快楽を得る。しかし、その悲劇的結末に注目せよ。すなわち彼の愛しているものはエルサレムの基ではなくバビロンの流れであるということを」[5]。一つの例ですが、今日のキリスト者青年が自分の職業を考えるときに、「もしかして自分には伝道者への召命がありはしないか」と立ち止まって真剣に考える人が、何人ぐらいいるでしょうか。

聖書は時間が有限であると教えます。主の日は「盗人が夜やって来るように」（一テサ五・二）、必ず来ます。すなわち、人間の努力や啓蒙によってではなく、神の全能の力により、突如として「上から」来ます。まずキリストが再臨され、すでに眠った者たちが墓の中から甦らせられ、最後の審判を受けた後、「新しい天と新しい地」（黙二一・一）が現れ、「罪の赦し、身体の甦り、永遠の生命」（使徒信条）が成就します。

(4)そのことと関連して、「中間時」とは本質的に言って「恵みの時」であり、「待望の時」であると捉えることが極めて重要です。「見よ、今は恵みの時、見よ、今は救いの日」（二コリ六・二、口語訳）とある通りです。

アウグスティヌスはこのこととの関連で、人間および人類史の四つの状態（status）について述べています。彼によれば、①アダムが罪を犯す前の人類の状態は、「罪を犯しうる状態」（〔羅〕status posse peccare）であり、②アダムが罪を犯してからキリストの贖罪が成就するまでの間（すなわち、旧約時代）は、「罪を犯さざるを得ない状態」（status non posse non peccare）とされま代）の状態は、「罪を犯さなくてもよい（罪を犯さないことができる）状態」（status posse non peccare）でした。③キリストの贖罪が成就した日から再臨の日まで（新約時す。この第三の時が、わたしたちの現在、すなわち、「恵みの時」に他なりません（もちろん、悔い改めようとしない人は、依然として主観的には第二の状態に留まっていることになります〔ロマ七・一八、二四参照〕）。④そして最後に、終わりの日の救いが成就した時、もはや「罪を犯し得ない状態」（status non posse peccare）に入れられます。

この図式で考えますと、「中間時」はすでに「和解の事態」が成就し、「罪を犯さなくてもよい状態」にあり、基本的・本質的な意味では、明らかに第四の状態に似ています。なぜなら、キリスト者は既に罪の支配領域から恵みの支配領域へと移され、永遠の王であるキリストのものとされているからです。キリスト者は、地上ではなお旅人であり、寄留者ではあっても、国籍は「天」にあります（フィリ三・二〇参照）。

死のかなたの永遠の世界は、まさに命あふれる世界です。そこから見れば、なお罪を犯す地上の世界は、文学的に言えば、「死の陰の谷」とか、「涙の谷」と言われる世界です。そこではわたしたちは、「主から離れていることも知って」（二コリ四・一五）います。しかし、キリスト者は今すでに、「先取り」という形で神の国に住んでいます。だから、体を住みかとしている限り、主から離れていると知っていても、「心強い」のです（同五・六）。

2　神礼拝の意義

「中間時」が「恵みの時」であることの最大のしるしは、「主の日」（安息日）が与えられていることです。礼拝とは、「御名が崇められますように」という教会の祈りが聴かれ、教会が「天」を想う時です。神はこの日を、ご自身の民として召された者たちを集め、ご自身との生きた・リアルな交わりに与らせるために設けられました。

基本的・原理的に言えば、「主の日」とは、神ご自身がまず、わたしたちのために「聖なる時間」をお持ちくださる日です。そして、それに応じて、わたしたちが召し出されて神のために時間を持ち、創造・救い・完成の御業を感謝してすべての栄光を主に帰し、その永遠の御名をほめたたえる日です。その意味において、終わりの日、主にまみえ奉り、その御名を呼び、御顔を仰ぎ、御栄光を讃美する永遠の礼拝の先取り（前祝い）です。

具体的に言えば、この日は礼拝において、主が復活してから天に昇られるまでのあの喜びに満ちた四〇日間（ルカ二四・五一以下、使一・三）と同じように、主が最もリアルな姿・形でわたしたちと共にいてくださること、すなわち主のリアル・プレゼンス（real presence）が実感できる日です。説教と聖餐が、主の最もリアルな御臨在に他なりません。したがって、それに応じて人間も、「聖なる時間」を工面し、晴れ着をまとい、神と共に救いの完成を祝う祝いの食卓にあずかり、神をほめたたえる日が、この日です。この日に、「全地よ、主に向かって喜びの叫びをあげよ。／喜び祝い、主に仕え／喜び歌って御前に進み出よ。／知れ、主こそ神であると。／主はわたしたちを造られた。／わたしたちは主のもの、その民／主に養われる羊の群れ」と謳うことが許されます（詩一〇〇・一―三）。またそれは、教会が最も慕い、憧れ、待ち望む日でもあります。「万軍の主よ、あなたのいますところは／どれほど愛されていることでしょう。／主の庭を慕って、わたしの魂は絶え入りそうです。／命の神に向かって、わたしの身も心も叫びます。／あなたの祭壇に、鳥は住みかを作り／つばめは巣をかけて、雛を置いています。／万軍の主、わたしの王、わたしの神よ」と謳われている通りです（詩八四・二―四）。

それでは、礼拝は何のためにあるのでしょうか。礼拝を定めた「安息日律法」の説明によれば、二通りの意味が考えられます。

「安息日律法」は、出エジプト記の記述の方では、「安息日を心に留め、これを聖別せよ。六日の間働いて、何であれあなたの仕事をし、七日目は、あなたの神、主の安息日であるから、いかなる仕事もしてはならない」（出二〇・八以下）となっています。ここから、安息日の目的は、天地万物が完成したことを先取りし、神が王となられた「喜びの先取り」または「前祝」として神と共に喜び祝い、「安息する」ためであると考えられます。したがって、それが旧約の民にとっては土曜日（第七日）であったことには、それなりの深い意義がありました。

しかし、やがて安息日は四世紀のニカイア公会議において日曜日（週の最初の日）に変更されます。それはやはり、この日キリストが死より甦り、御霊が降ってわたしたちの心を照らした日であり、「解放」や「喜び」のイメージにより近いからでしょう。実際、この日に罪の問題が完全に解決され、天地創造の真の目的である救いが完成したからです。つまりそれは、信仰者が「罪を犯さざるを得ない状態」から「罪を犯さなくてもよい状態」へと移行し、罪の呪縛から解放された日です。だとするなら、永遠の命そのものである神を礼拝する日は、日曜日の方が内容的により相応しいということになりましょう。このことは、安息日律法を意義づけるもう一つの聖句、すなわち、上掲の出エジプト記二〇章八節以下（P典）とは別の、申命記五章一五節（D典）の聖句によって妥当とされます。この聖句は「奴隷状態からの解放を思い起こすために」という意義づけを強調していて、教会が安息日を土曜日から日曜日に変更することの十分な聖書的根拠となります。また、公会議で安息日が土曜日から日曜日になったもう一つの大きな理由として、メシアがまだ到来していないと考えるユダヤ教との違いをより鮮明にするためという理由もありました。(6) いずれにしても喜ばしい日、祝いの日です。

(a)救いの完成の前祝いとしての主日礼拝

キリスト者にとっては、本来なら、毎日が二〇〇〇年前の「復活日」から「昇天日」に至るまでの特別な恵みの四〇日間と同じように、主が見える姿で共におられる「リアル・プレゼンス」の日々であることが最も望ましいのです。しかし残念ながら、わたしたちは主から離れがちです。しかし、七日に一度の「主の日」には、神によって自分の名を呼ばれ、「前祝い」という形で主とお会いし、主に向かって喜びの声を上げる時が与えられます。「しかし、あなたがたが近づいたのは、シオンの山、生ける神の都、天のエルサレム、無数の天使たちの祝いの集まり、天に登録されている長子たちの集会、すべての人の審判者である神、完全な者とされた正しい人たちの霊、新しい契約の仲介者イエス、そして、アベルの血よりも立派に語る注がれた血です」（ヘブ一二・二二―二四）とありますが、その先取りが、日曜日の主日礼拝です。それは、「栄光に輝く王」（詩二四・九）が城門から入って王となられたことを喜び祝う「祭りの日」です。

もしわたしたちが神の国をイメージするならば、それは御言葉に従い、「もはや死はなく、もはや悲しみも嘆きも労苦もない」（黙二一・三―四）という救いが成就し、天にあるエルサレムが地上に降ることだと言えましょう。

画家ルオーの作品の中に、ヨハネの黙示録二一章二節の「新しいエルサレム」のイメージを描いた一連の作品があります。いずれも心打たれるものです。その中には、復活の主が子どもたちと一緒に手を取り合って夕暮れの町を散歩しているという、何の変哲もない、しかし、そこに漂うほのぼのとした雰囲気が得も言えず心暖まるような作品もあります[7]。また、「聖書の風景」と題される同じルオーの一連の作品の一つでは、同じく復活の主が子ども連れの母親とその子に両手を差し伸べて、「一緒にエルサレムの都に行こう」と語りかけているような作品もあります。晩年のルオーがよく使った、明るい黄色や朱色、コバルト色などがふんだんに使われている絵です[8]。そこには、「すべての人を照らすまことの光があって、世にきた。彼は世にいた」（ヨハ一・九以下、口語訳）の聖句が成就し、光が闇を完全に駆逐してしまった幸いあふれる世界が描かれています。神ご自身が身を屈め、「人々の目から涙をことごとくぬぐい取ってくださる」（黙二一・四）ので、「もはや死はなく、もはや悲しみも嘆きも労苦もない。最初のものは過ぎ去ったからである」（同）とある通りです。土の塵から造られた人間が、それぞれ個性と歴史（物語）を持った存在として甦り、神との永遠の交わりの中に入れられ、主の十字架の愛を永遠にほめたたえる者となる世界には、死も悲しみも嘆きももはや存在しません。悲しみが深かった分だけ喜びも大きいと言えましょう。

その時キリスト者たちは、自分が愛し、慕い続けた主イエスの輝くみ顔を仰ぎ見、その御名を呼び、兄弟姉妹とともに、永遠に「王の王、主の主」であるお方をほめたたえ、喜ぶでしょう。「しばしの時なりき。して、我は勝てり。して、なべての戦ひは遽《にはか》に消え失せたり。して、薔薇の広間にわれ憩ひ得て、とはにとはに、わがイエスに語らむ」と、ある信仰者が謳いました。(9)

それでは、このような終わりの日の礼拝の先取りとしての主日礼拝は、どのようにあるべきなのでしょうか。わたしは幾つか原理的なことだけを申したいと思います。

(1)神がお喜びになる礼拝は、「厳かな礼拝」よりも「喜ばしい礼拝」でしょう。神がご自身との出会いの喜びをわたしたちに与えてくださる特別な時だからです。お通夜のような礼拝はだめです。もちろん、礼拝とはあくまでも、無から創られたわれわれ被造物が創り主であり、贖い主であり、完成者であられる三位一体の神を「拝む」行為なのですから、それは異教的な礼拝における「神人合一」の狂おしい喜びや熱狂、恍惚とは異なり、非陶酔的なものです。自分を喜ばすための礼拝でもありません。アウグスティヌスは「それゆえ、空虚な自己満足（superbia）から起き上がって確かな喜悦に達するために、われわれはまずその空虚な《高ぶり》から離れて《謙虚》へと身を低くする必要がある」(10)と教えています。

その意味において、それは「慎ましやかな喜び」の満ち溢れたものであるべきです。その基本には、何と言っても、自分の故郷であり、父の家である教会に帰って、キリストにまみえまつるという「喜び」の要素がなければなりません。「あなたはわたしの嘆きを踊りに変え／荒布を脱がせ、喜びを帯としてくださいました」（詩三〇・一二）とある通りです。

(2)神との出会いは直接無媒介的なものではなく、仲保者イエス・キリストを介して起こる出会いの出来事です。神は「霊と真理をもって（父を）礼拝する」（ヨハ四・二三）者を求めておられます。礼拝は神の招きによって起こるものであり、決して人間の宗教的な欲求の満足のためのものではありません。終わりの日においてならば、わたしたちはキリストの御名を呼び、この目をもって御顔を仰ぎ見、賛美することも許されましょう。しかしながら、この時間の中では、わたしたちは神の言（キリスト）を媒介とします。すなわち、「見る」ことによってではなく、「聴いて」「信ずる」ことによって成り立つ「御言葉の礼拝」です。「もっとも低いところからもっとも高い所に呼び出され、造られたものが永遠なるものを受容するためには、信仰を通して永遠なるものに至らなければならない」[11]からです。

具体的に言えば、礼拝の中心は「神の言葉」としての説教と聖礼典です。そしてそれは、神と会衆の言葉による「対話構造」で成り立ちます。会衆は何の応答もしない「木偶の坊」ではなく、神の言に応答する者として積極的に参加しています。しかし、いわゆる「リタージカル」（儀式的）な礼拝が良いのでは決してありません。[12]宗教改革者たちは、受け継いできた典礼に思い切った改革を施してプロテスタント教会にふさわしい礼拝様式を工夫しましたが、その際わたしたちの信仰にふさわしくない部分は容赦なく削除しました。例えばカルヴァンの作ったものを支配している一つの原理は、「御言葉による、簡素な礼拝」という原理です。特に日本の教会の場合には、未信者、若者、子育て中の母親、老人などに対する十分な配慮のある礼拝を整える必要があります。

(3)主は福音の言葉が会衆に届くようにお語りになることを最も強く欲せられ、また喜ばれます（一コリ一四・二三—二五参照）。それゆえ、説教は聖礼典よりも大事です。

ローマ・カトリック教会の典礼は依然として旧約的な「供え物をささげること」を中心とする礼拝の要素を残

し、ミサは主イエス・キリストをささげる「奉献」であり、その体と血とをいただくという考え方が残っているせいか、未だに説教よりもサクラメントがより重視されています。しかし、主はご自分の体を「神殿」と考えられ、「神の神殿を打倒し、三日あれば建てることができる」と言われました（マタ二六・六一）。この主の死によって神殿の至聖所の幕が上から下まで真っ二つに裂け、主ご自身の「ただ一度限り」（ヘブ九・二四）の犠牲の献げ物によって、旧約的な「供え物をささげること」を中心とする礼拝は、止揚されたと考えられるべきです（一コリ五・七参照）。

説教は儀式よりも、またさまざまな教会音楽・絵画・彫刻、そして粋を極めた教会建築とその陰影などが醸し出すあらゆる宗教的雰囲気よりも、はるかに力強くキリストの御臨在（real presence）を担い得ると考えます。なぜなら、人間の言葉で語られる神の言葉ほど、わたしたちの心になじみ深く、慰めに満ちたものはないからです。天上の教理が明確である説教は、儀式よりも人の魂に訴えるものがありますし、言葉が真実であればあるほど、罪人を打ち砕き、強く立ち上がらせるからです。

(4)キリスト教の礼拝は必ず「神の民」という共同体で行われます。その中には、既に逝去して天に召された代々の聖徒たちも先取り的に加わっていると言えます。「神の民」がささげるという点で、イスラーム教の礼拝（サラート）とは本質的に異なります。後者は原則的には一人でも守れます。世界中どこにいても、一日に五回メッカの方角に向かって膝をかがめる定時の祈り（キリスト教の修道院で守られる「時禱」）が既に「礼拝」です。また、金曜日のモスクでの礼拝も、基本的には日に五回の祈りの務めのうち一回（正午の礼拝）を一緒にすることが「奨励される」ということにしか過ぎません。遅れた人は全員が終了した後でも、自分の祈りはまだ済んでいないわけですから、本来は残って残りの務めを果たすことになっているようです。これは、終わりの日を先取りし、天上の民をも加え、「神の民」が礼拝するというキリスト教の礼拝観とは本質的に違っています。

(b)キリスト者生活の中での安息日礼拝

英語で安息日のことを“Sabbath”と言いますが、これは「シャーバート」、つまり、「中断する」というヘブライ語から来た言葉で、どんな仕事をしていても一旦それを中断し、神を礼拝することが、この安息日律法の本来の主旨です。ユダヤ人はこの日は、やりかけの仕事で手が離せなくてもそれを「中断」します。炊事も洗濯も掃除もせず、ただ会堂礼拝に出席し、聖書を読み、祈りや施しや断食をして神との交わりの内に過ごします。安息日は、とにかく仕事を休み、神を礼拝する日です。

人間の生活は「時」の中にあります。わたしたちは何か改めて事を始めようとする時、神を思い、あるいは、その御声を聴きたいと願うでしょう。そして、キリスト者なら、神によって事を初め、神によって事を終える「時」の過ごし方が最上であると考えるでしょう。それが、「安息」のある人生です。なぜなら、自分で何かを始めても失敗が多く、疲れて仕事を終えても、必ずしも終わったという達成感は持てないからです。その意味で、人間の生活には「時」と「リズム」が必要です。「時」の初めと終わりに神と出会い、きちんと感謝と懺悔をし、赦しをいただき、新しい思いで出発することが、わたしたちが神に守られ、祝福された人生を歩むことになるのです。「神の子らよ、主に帰せよ／栄光と力を主に帰せよ」と謳われています(詩二九・一)。礼拝とは、すべての栄光を主に帰することです。それはわたしたち被造物の務めです。反対に、栄光を主に帰さないことは、主から栄光を奪うことです。アンセルムス流に言えば、それこそは罪なのです。

その意味において、安息日をどう過ごすかという問題は、そもそもキリスト者がどのように自分の人生を過ごし、既に救われた者としてキリストと共に「時」を生きようとするかという問題に他なりません。キリスト者は祝福を受け、「祝福の源」(創一二・二)とされているわけですから、どの受洗者も、洗礼を受けるときには、日曜日をどのように過ごすかについて、きちんとした決断をすべきでしょう。それは、受洗試問会で問われるべき重要事項の一つであると考えます。またそれは、キリストの「祭司」として生きるキリスト者がどのような職業を選び、どのような家庭を築こうと決意しているかとも深く関わります。

「安息」と「労働」のリズムは重要です。創造者なる神は、他のどの生命体にもそうはなさらず、ただ人間にだけ、この「六日働き、一日休む」というリズムを深く刻印されました。それは、この歴史には終わりと完成があるからです。これとは異なり、昼と夜のリズムはほとんどの生命体に刻印されています。この「昼夜のリズム」を狂わせれば、動物も植物も死の危機にさらされます。同様に、「六日働き、一日休む」リズムを狂わせば、人間は精神と肉体の健康を損ない、労働の喜びも生きる喜びも喪失し、最後には死んでしまいます。安息日律法は、「ゆとりのある」「人間らしい文化」の基本を形成するものです。

W・リュティという現代スイスの説教家は、今日キリスト教国が安息日を失いつつある深い病について、次のように述べています。「一週間を通して、月曜日の朝ほど、職場への道がつらく感じられる朝はありません。まるで痛みを必死でこらえている風な顔をして、若者は新しい週を迎えます[13]」。「どうしても考えないわけにはいきません。なぜ馬はあのように月曜日の朝、元気いっぱいに蹄で地面をガリガリかくのに、私たち人間は冴えない気持ちで同じ朝を思い、不機嫌な気持ちと戦わなくてはならないのでしょうか。どうして農耕馬には日曜日が実にはっきりとした祝福になっているのに、今日の私たちにとっては日曜日がますます厄介なものになっているのでしょうか[14]」。「今ヨーロッパに（おそらくヨーロッパだけではないでしょう！）適切な休息を処方してくれる医師がいるとしたら、それはもうノーベル賞ものでしょう[15]」。

わたしがリュティのこれらの言葉を引用しましたのは、彼がキリスト教ヨーロッパの「安息日」忘却は、「天」を想うベクトルの消失であり、そのことは、単に教会がさびれる根本原因であるだけでなく、今やキリスト教文明が力を失い、現代世界全体が「ゆとり」を喪失し、疲れと虚しさにあえぎ苦しむそもそもの根本原因であるという警告が、極めて当を得ていると考えるからに他なりません。

現代とは、わたしたちが既に考察しましたように、[16]「近代的人間」が「天」を忘れ、啓蒙精神に基づき「地」を自力で形成しようとした結果、「鋼鉄の硬い檻」に閉じ込められつつありながら、どの方向に抜け出したらよいかが完全に分からなくなっている時代です。人間は大変身勝手な動物で、礼拝が与える休みや喜びよりも、自分たちが考える休みこそ真の休みであると考え、たいていの場合（特に、西ヨーロッパ人と日本人は！）、休日を怠惰に過ごすのではなく、むしろ反対に、せかせかと寸暇を惜しんで働き出し、競争し、「貯蓄」を増やす方向で「労働」を続けます。その結果、人生は文字通り「苦役」となります。人間の経済生活の基本である労働と安息のリズムが狂い、マンモンの神があがめられ、国家経済はインフレとデフレに悩まされ、労働者はいくら働いても労働の成果（富の分配）にあずかれない「社会格差」が広がり、少子化が進み、国民の元気がなくなります。問題は、労働と分配の調整といった経済学や政策の問題ではなく、「大和魂」の復権でもなく、失いかけた「天への想い」をどのように人間生活の中に取り戻すかという問題です。つまり、リュティが指摘した問題は、単に教会の衰退やキリスト教国の命運だけでなく、世界の文明の危機とも深く関わる問題だと言って、少しも過言ではありません。

日本の教会が日本と日本文化に益となるような伝道をしたいと願うなら、キリスト者のすべての時間が主のものであり、主から安息日律法を与えられているということの深い意義を改めて真剣に考えなければなりません。そして教会は、「幸福」と「祝福」とはちがうことを明確に語らなければなりません。

3　神の栄光のために生きるキリスト者

神と和解したキリスト者の存在規定は、今や、「神の栄光のために生きる者」です。なぜなら、彼はそこに「自己同一性」（self-identity）を見出した者だからです。では、それはどのような生活と生涯なのでしょうか。幾つかのことを述べたいと思います。

(a)神への信頼について

彼はもはや、自分の「存在」については何も思い煩いません。彼は自分の体のことや寿命のことを思いわずらわず、空の鳥よりももっと自由に大空を駆け巡ることができます（マタ六・二五以下参照）。それでいて、彼は空の鳥が風の法則に全く従順な飛び方をするように（また、そうでなければ、鳥はそもそも飛ぶことができません！）、神の御心に極めて従順であり、明日のことを思い煩わず生きます。なぜなら、彼は神に愛され、自分が神によってご自分の瞳のように大切にされていることを知っているからです。

また彼は、自分の存在（名）の「栄光」や「輝き」についても、何も思い煩いません。すなわち、自分の栄光や誉れについて、一切の思い煩いをしません。なぜなら、神は栄華を極めた時のソロモンよりもなお美しく一輪の野の花を飾り、栄えの冠を授けてくださる方です。その野の花よりも、神は彼に良くしてくださることを知っているからです（同六・二八以下参照）。

哲学者のＭ・ハイデガーは、人間という存在の最大の特徴は、自分が死ぬべき存在であることを自覚していることであり、死を思い煩うこと（聖書で言う「思い煩い」、Sorge）であると分析しています[17]。そうであるとするなら、キリスト者は自分の生も死も、一切を神に委ねることを知っておりますので、もはや生と死について、明日のことについて、何も思い煩いません（同六・三四）。ただ「神の国と神の義を求め」（同六・三三）ます。そして今日を精いっぱい、しかも、喜びと感謝をもって生きるでしょう。

キリスト者が一日の業を終えて床に就くときには、「その日の苦労は、その日だけで十分である」（同六・三四）と主が言われた通り、一日を神に感謝して終えることが許されます。彼はこう祈ってから、安らかに床に就くでしょう――。「今宵ここに横たわるとき、自分のこと、自分の仕事のこと、自分の望みや恐れ、そして、自分の罪さえも、考えなくなりますように。主よ、わたしはすべてを慈愛のあなたの御手に委ねます。なぜなら、あなたが聴いていてくださることを、わたしは知っているからです[18]」。
翌朝、もし神がなお彼に新しい一日をお与えになるなら、それを感謝して受け取るでしょう。

(b)神への愛について

キリスト者が「神の国と神の義を」（同六・三三）求めて生きることを喜びとするとは、神の栄光を求めて生きるということです。彼は自分の栄光のことは、もはや何も考えません。彼はただ、「子は、父のなさることを見なければ、自分からは何事もできない。父がなさることはなんでも、子もその通りにする」（ヨハ五・一九）と言われた主イエスのように、ただ神の御栄光のみを求めて生き、それを喜びとするようになるのです。

彼は反対に、自分自身のために生きる生ほどむなしく、思い煩いに満ちたものはないと考えます（コヘ一・二参照）。実際、人間はたとい全世界の富と権力を手に入れ、全世界の知識を獲得し、あらゆる人の賞賛と誉れを勝ち得たとしても、あるいは、世界でたった一枚しかない「モナ・リザ」の名画を手に入れたとしても、被造物を所有することも、被造物に愛されることも、必ず「飽きる」時がくることを知っているからです。

イスラエルの人々は、朝ごとに夕ごとに、「聞け、イスラエルよ。われらの神、主は唯一の主である。あなたは心を尽くし、魂を尽くし、力を尽くして、あなたの神、主を愛しなさい」（申六・四―五）と唱えました。この言葉をさらに丁寧に展開したものが、「主の祈り」の最初の三つの祈りです。「あなたの御名が崇められますように。あなたの御国が来ますように。あなたの御心が天で行われる通り、地でも行われますように」。キリスト者はこのように祈り、生き、かつ死ぬことが許されていることを最上の喜びとします。

その具体的なキリスト者の生については、「わたしの後に従いたい者は、自分を捨て、自分の十字架を背負って、わたしに従いなさい」（マコ八・三四）とあり、また、「生きているのは、もはやわたしではありません。キリストがわたしの内に生きておられるのです。わたしが今、肉において生きているのは、わたしを愛し、わたしのために身を献げられた神の子に対する信仰によるものです」(ガラ二・二〇)とあります。彼は日々の祈りの中で、神がそのような生を歩ませてくださることを祈るでしょう。「心の貧しい人々は、幸いである、天の国はその人たちのものである」(マタ五・三)と教えられている通りです。

(c)神への希望について

彼の最大の幸は、「心の清い人々は、幸いである、その人たちは神を見る」(マタ五・八)と約束されている通り、いつか御国において、主にまみえまつることが許されていることです。

彼の人生全体については、マタイによる福音書二章一節以下の学者(博士)たちを例にとって考えることができます。

博士たちにとって、それは永遠の王であり、「王の王、主の主」であられるお方にまみえまつるための旅です。最後には、必ずこの王にお会いして、礼拝を捧げることができることが確かである旅です。しかもその「王」とは、「死」ではなく、ヘロデのような暴君でもなく、良い羊飼いなのです(同二・六)。すなわち、罪深いわたしたちの魂を真の意味で治め、導き、支配してくださるまことの王なるキリストです。したがってその旅は、いかに長くて辛かろうが、最後には必ずひれ伏して拝むべき王にお会いでき、自分の宝物を捧げることができるという、「完成」と「喜び」が待っている旅です。この王に会ってひれ伏し、たずさえてきた捧げものを捧げる人生こそは、あらゆる瞬間において、既に満たされた人生であると言ってよいのではないでしょうか。

しかも、旅人たちには、「その方の星」(同二・二)が与えられています。神学者のシュライアマハーは、この星のことを、「万人の胸にときめく宗教的な憧れ(Sehnsucht)」の対象であると言っています[19]。つまり、すべての人の心の内にある最も深い憧れは、この神学者によれば、自分をよく理解し、自分の魂を治めて「さいわい」溢れる国へと導いてくださるまことの王を捜し求め、その王にお会いして、今の未完成な自分とは全く違う自分へと変えられたいという憧れであるというのです。したがって彼は、「まことの宗教」(vera religio)とは、朝に萌え出て夕べには枯れるような果敢ない、過ちの多い存在である人間が、今とは全く違う自分に変えていただきたいという憧れであり、それを満たしてくれるのが、この「まことの王」との出会いであるというのです。

ただし、「その方の星」は、キリストご自身ではありません。むしろ、神の御霊、もしくは、聖書の御言葉です(博士たちはエルサレムの都で星を見失ったとき、聖書の御言葉に導かれて再び星を見出しています)。そのような人生の指針として、この星は旅人たちに与えられ、その友となり、夜毎彼らに語りかけ、慰めと希望を与え続けました。

旅人たちがその星に導かれて旅に出たということは、決して小さなことではありません。もしその星が非常に輝きに満ちた大きな星で、すべての人が憧れる星ならば話は別ですが、地元のエルサレムの住民たちにさえ知られないぐらいの星です。普通なら、そんな星を見つけたぐらいで、何か月もかかる困難な旅に出るはずはありません(もしその旅がバビロニアからパレスティナまでだとすると、砂漠や荒れ地の続く一〇〇〇キロをはるかに超える旅です)。それは、アブラハムの出立にもたとえられましょう(創一二・一参照)。おそらく、飢えや渇きや炎暑や寒さに苦しみ、途中で何度も引き返したいと思ったに違いありません。しかし、そういう中で、何がどうあろうと、彼らはこの星の導きに従いました。その力を与え続け、慰め、励ましたのが、まさにあの、「天」に輝くメシアの星だったのです。

さて、この星はメシアのいる家の真上に来ると、ひときわ明るく輝きました。彼らはその星を見て非常な喜びにあふれたとあります。まるで、ピスガの山頂に立ったモーセが、はるかかなたの乳と蜜の流れる約束の地を一望の下に収めつつ、喜びに満たされた時のように。そして、黄金・乳香・没薬の贈り物を献げました。黄金は、栄えのしるしですから、全世界の「王の王、主の主」としてのキリストに献げるものです。乳香は香り高いお香ですから、神としてのキリストに献げられるものです。没薬だけは特別です。それは死体に塗る防腐剤ですから、十字架に掛けられたキリストへの献げ物です。これらについて、宗教改革者のルターなら、次のように言うでしょう。「あなたはこれらの宝物を持っていけなくてもよいのです。あなたはただ、このキリストを王の王、主の主として崇め、このキリストがあなたのために死んだと信ずればよいのです。その信仰をしっかりと携え、この王に出会ったら、その信仰を捧げなさい。なぜなら、この王が何よりもお喜びになる献げ物は、あなたの信仰以外の何ものでもないからです」。

わたしたちも、わたしたちの永遠の王であるお方に、旅路の最後に必ずお会いできます。このお方こそ、わたしたちにとって限りなく慕わしく、懐かしい王であり、神であり、贖い主です。キリスト者の人生とは、この永遠の王にお会いする旅であると言うことができます。

第2節　「御国が来ますように」と祈る教会

以上、第1節で考えましたことは、教会や信徒が伝道する者となることの、最も基本となる事柄、すなわち、礼拝者であることです。次にわたしたちは、「主の祈り」の中の二番目の祈り、「御国が来ますように」に導かれて、その先を考えたいと思います。

初めに、この祈りの意味について確認する必要があります。

「神の国」の「国（希）バシレイア」とは、「支配」という意味です。したがって、「神の国」とは、「神の御支配」と言い換えることができます[23]。

この祈りもまた、現代ではあまりよく理解されておらず、切実には祈られていないようです。主イエスの宣教の第一声、「時は満ち、神の国は近づいた。悔い改めて福音を信じなさい」（マコ一・一五）と密接な関係にある祈りです。また、新約聖書の最後の言葉、「アーメン、主イエスよ、来てください」（黙二二・二〇）とも重なり合う祈りです。「既に」と「未だ」の緊張状態の中で、終末を待望する祈りなのです。もっとも、ただ漫然と、終末はまだ来ていない、その内来るだろう、来るなら勝手に来てくださいという祈りではありません。何千年後にはきっと来るだろうが、自分の生きているうちは来ないから安心だという気持ちで祈られる祈りでもありません。そのような祈りならば祈られない方がましです。そもそも、主イエスの「御国が近づいた」という宣教は、台風が近づいてきて既に暴風圏内に入っている時のように、わたしたちの心の扉を激しくノックする音が聞こえるという意味で、「神の国が近づいた！」というお声だったからです。さらに、主が「神の国」について人々に語られた時、その瞳がどんなに喜びに輝いていたかを想像してみてください。

「神の国を何にたとえようか。どのようなたとえで示そうか。それは、からし種のようなものである。土に蒔くときには、地上のどんな種よりも小さいが、蒔くと、成長してどんな野菜よりも大きくなり、葉の陰に空の鳥が巣を作れるほど大きな枝を張る」。この聖句（マコ四・三〇—三二）のような箇所は、主が語られた時の大きな瞳とその輝き、心臓の鼓動を生き生きと想像しながらでなければ、ほとんど読むことができません。

したがって、この第三の祈りは「御国が《一日でも早く》来ますように」というニュアンスで受け取る必要があります。その意味において、神学者のK・バルトが言っているように、現代ではあまり本当の意味では祈られていない祈りではないでしょうか。それは、神の御支配が最善であるという堅い確信がなければ、祈ることができない祈りだからです。(21) もちろん、足が地に着かなくなり、何年後には終末が来るから地上で努力することにはほとんど意味がないといった極端な終末待望はこの祈りとは無縁です。「神の国」とは、天地創造において神がお造りになろうとし、御子の十字架と復活によってその再建が槌音高く始まった御業の、父の御指示によって成就するその完成態のことです。人間は背反と堕落によって御国にはふさわしくない者となりましたが、神はわたしたちをサタンの支配から贖い出し、わたしたちにも「永遠の命」を与えられます。その時がいつでも来得るような「和解の事態」が生じています。

ただ神は、それを一方的・独裁者的にご自分から力づくで来させるのではなく、教会や全被造物がそれを最高・最善のものとして熱心に祈り求めることを切に願っておられます。それは、わたしたちキリスト者もまた、「今は鏡におぼろげに映ったものを見ている」ようにしか知らないキリストの御愛をはっきりと知り、自分たちが今すでに「はっきりと知られているように」、はっきりと知ることができるようになるようにという祈りです。わたしたちだけでなく、今はまだ神を知らない人々にも、あまねく知られるようになるようにという祈りです（一コリ一三・一二参照）。わたしたちにもそのように熱心に祈ってほしいと神は思われるのです。したがって、この祈りを真に祈るキリスト者は、熱心にキリストを証しし、伝道するキリスト者となるでしょう。また、天を愛するがゆえに、神が支配するこの大地をも愛する人となるでしょう。そして、ルターが言いましたように、「たとい明日神の国が来るとしても、今日、このりんごの苗木を植える」キリスト者となるに相違ありません。

このように考えますと、キリスト者はただ単に「終末待望」に生きているのではなく、より正確に言うならば、「間近な終末待望」に生きていると言うべきでしょう。言い換えるならば、「一日も早く終末が来てほしい」とか、「自分が生きている間に来るかもしれない」という願いや思いやときめきは、決して病的でも熱狂主義的でも異端信仰でもなく、また、常に自分が活発なキリスト者であり、自分の教会が活発な教会でないと満足できないという、いわゆる「活動主義」とも関係がありません。もちろん、厭世主義とも無関係です。むしろ、極めて正統的な信仰なのです[22]。実際、キリスト者にとって、いつか終わりの日に死から甦らされ、御名を呼び奉り、キリストとお会いしてその御愛を知ることは最大の希望であり、それ以外の望みは、決してそれ以上にはなり得ません。

なぜなら、その永遠の命に入れられるのは、無限に遠い将来のことではないからです。というのも、たとい終末は何千年、何万年後にようやく実現するとしても、彼はそのずっと前に、永い眠りに就くことが許されています。死んだ人は父なる神のみもとで眠ることになりますので、彼が死の床から目覚め、再び意識をかき集め、もとの意識を持つ人となるのは、まるで床に入った人が翌朝目覚めるように、常世の朝であることになります。その日、彼は神の全能の力によって甦らされ、最後の審判を受けた後、もはや朽ちることのない永遠の命を受けるでしょう（ちなみに、キリスト者は主の執成しのゆえに、最後の審判は厳粛に受け止めますが、決して恐怖の対象ではありません）。

その意味において、「御国が来ますように」と祈る者にとって、死は命への門であり、モーツァルトが言ったとおり、「最愛の友」なのです。

ただし、パウロが教えている通り、「わたしたちが神の国に入るには、多くの苦しみを経なくては」（使一四・二二）なりません。わたしたちは本節において、初めに、二つの王国、すなわち、「神の国（支配）」と「地の国（支配）」の相克について、考えたいと思います（第1項参照）。そしてその中で、教会の国家・社会に対する証しについて考えたいと思います（第2項参照）。その証しは極めて有効であると考えますので、わたしたちは、「イエス・キリストは勝利者である」ということについて考えることになりましょう。この考察は、そのまま次の第3節「『御心が地にも行われますように』と祈る教会」へとつながります。

1　神の国と地の国

アウグスティヌスは世界歴史を論じる時に、常に二つの国、「神の国」と「地の国」の相克について語っています。「二種類の愛（amores duo）が二種類の国（civitates duae）を造る。すなわち、自己愛（amor sui）は常に神をないがしろにして地の国（civitas terrena）を作り、神への愛（amor Dei）は常に己をむなしくして天上の国（civitas coelesta）を造る」[23]。そして、「神への愛はエルサレムをつくり、この世への愛はバビロンをつくる」[24]。この場合、アウグスティヌスは「神の国」（または、エルサレム）と「地の国」（バビロン）を共に支配している力が神の愛であることについては、あまり多くを述べていません。しかし、このように、終末までの歴史を「神の国」と「地の国」の二つのカテゴリーを用いて考える考え方は、わたしたちにも非常に多くの示唆を与えてくれます。また、その際、わたしたちの神への愛が「神の国」を形成するのに対して、「地の国」を形成するものは人間の物欲や愛欲、いわゆる「エロス」または「リビドー」だけでなく、ニーチェが言った「力への意志」(Wille zur Macht)にも似た「支配欲」(dominandi libido)であるという認識は、大変示唆に富んでいます[25]。

わたしたちがここで考えたいことは、一般世界史(世俗史)とその中で展開される「救済史」との関わり方についてです。特に、信徒は教職とは異なり、世俗史の形成に直接参与して生きておりますので、世界史全体の中での世俗史と救済史の関わり方が問われます。それはまた、「国家」と「教会」との関わり方に関する問題をも含みます。「世界史の究極の意義は救済史の成就にある」という「神学の第三公理」は、ここでわたしたちに基本的な思考原理とそのあるべき方向性を提供してくれるでしょう。教会形成と伝道は、「神の栄光の舞台」である世界史の中で、常に中心的な意義と重要性を持たなければなりません。それだけにまた、最も多くの混乱と誤解が起こりやすい問題領域でもありますので、注意して考察する必要があります。

初めに確認しておきたいことは、中間時を生きるキリスト者の生活は、二重の観点から見られることです。この世の生活という観点と、信仰生活という観点からです。

キリスト者は「外なる人」、すなわち、信仰のない人から見ても分かる普通の「人間」としては、その生活全体は、体も魂もこの世で生まれ、成長し、就職・結婚し、育児・教育に励み、やがて老いて死ぬという通常の人生コースをたどります。要するに、「食べたり飲んだり、めとったり嫁いだり」(マタ二四・三八)の生活です(創一・二七―二九参照)。その存在は完全に地上にあり、この世の人々と同様、その属する国家社会の恩恵をこうむり、人々と共に働いて世界史の形成に参与することによって、食い扶持《ぶち》を得ています。

他方、彼は「内なる人」、すなわち、信仰に生きる人としては、その全体は体も魂もキリストのものとして、本国が天にある存在であり(フィリ三・二〇)、この世では旅人、その生活の中心は教会にあります。彼は物欲や愛欲や名誉欲・権勢欲のためではなく、神への愛のゆえにその御栄光を神に帰しながら生き、ひたすら「福音の前進」（同一・一二）のために、この世の命も生活も時間も喜んで神と隣人に捧げようとして生きています。言い換えるならば、ひたすら神の栄光を顕わし、「義認」と「聖化」と「召命」の恵みに生きたいと切に願っています。

もちろんのこと、「二刀流」（教会とこの世とで生き方を巧みに使い分けること）で生きることは彼の望む所ではないでしょう。「内なる人」はキリスト者の本来の姿ですから、どんな時でも「外なる人」よりも常に優先させなければなりません。神もまた、わたしたちをそのように扱ってくださいます。「たとえわたしたちの『外なる人』は衰えていくとしても、わたしたちの『内なる人』は日々新たにされていきます」（二コリ四・一六）とある通りです。その人は終わりの日には、体も魂も天にある霊的存在へと変えられ、栄光に包まれるでしょう。

とは言え、「外なる人」は信仰の観点からは全く無視してもよいということにはなりません。彼は世捨て人のように、あるいは修道院で暮らすようには生きられません。なぜなら、「神はこの世を愛された」（ヨハ三・一六）と証しされているお方は、キリスト者を働き人としてこの世に遣わし、この世の人々と共に住まわせます。この世の人々は衣・食・住の営みに励み、労働・家庭形成・社会形成にたずさわって真剣に「歴史（世俗史）」形成に参与しています。したがって、キリスト者がこの世の営みとその歴史形成にも、相対的な関わり方をするということは、信仰の中でしかるべく明確な位置を占めなければなりません。[26]

そこでわたしたちは、救済史の究極の目的が「神の国の成就」であることとの対比において、世界史（世俗史）の形成で人々がしていることを「地の国の建設」と名付けておきましょう。なぜなら、神はこの世が人々の物欲や愛欲や権力欲によって無制限の悪や混乱に陥ることをお許しにならず、これに一定の秩序を与えるために、終わりの日までの間、暫定的に「地の国」を建てさせられるからです。「神は一人の人からすべての民族を造り出して、地上のいたるところに住まわせ、季節を決め、彼らの居住地の境界をお決めになりました」（使一七・二六）とあり、また、「神に由来しない権威はなく、今ある権威はすべて神によって立てられた」（ロマ一三・一）

と証しされている通りです。キリスト者もまた、自分自身は「神への愛（amor Dei）」（アウグスティヌス）によって生き、いささかも「自己愛（amor sui）」（同）によって生きているわけではないのですが、地上に生きている限り、この「地の国」とその為政者に対してその機能を尊重し、一定の敬意を示さなければならないでしょう。

そうすると、聖書の証言から、幾つかの点を確認できるように思います。

(1)神が許し、命じておられる地上の「国家・社会」とは、神がご自身に背くこの世をなおも憐れみ、それが悪の力によって無制限の混乱と無秩序に陥らないために、摂理の許に許諾し、統治しておられる一時的・暫定的な自主・自律的秩序であると考えられます。また、それらがある程度まで、悪によって絶えずゆさぶりと脅かしの下にさらされないよう、神は一定の安定を許されます（その意味において、国家は「創造の秩序」にではなく、むしろ「和解の秩序」に属します。国家について論ずる適切な場所は、神学では和解論であることになります。戦争と平和についで論ずるのも、和解論の中です）。

すなわち、この国家・社会において、神は永遠の御国において成就する「永遠の平和」・「偽りのない兄弟愛」・「完全な義」には遠く及ばないとしても、それらを何らかの意味で反映している相対的・暫定的な「平和」と「福祉」と「正義」の実現をお許しくださいます。また、そのために国家・社会は自主・自律的に政治・経済を主宰し、そのための法や諸制度・諸機関を整え、国家・社会を建設・運営し、そのために必要に応じて警察組織や裁判所、軍隊などを所有しています。[27] もちろん、その全体を見えない形で統治し、摂理しておられるのは神です。

(2)すでに述べました通り、この世の歴史には相対的で暫定的な意味や目標はあっても、それ以上のものはありません。それゆえに、宣教の具体的規範であられるイエス・キリストは、この世の過ぎ行く秩序に対しては、単に相対的にのみ関わることを教えられました。彼は究極以前のものに対しては相対的に関わり、究極的なもの（神の和解の成就）に対しては究極的に関わることを教えられました。すなわち、この「中間時」において、現在人々の生活に必要な範囲内において、さまざまな秩序や制度の保守または改革、時には抜本的な改革を容認されました（マコ一二・一七参照）。それとは反対に、主は神の国のためには、父母・兄弟、家・畑・財産を断じて捨ててたずさわることを要求されました。「死んでいる者たちに、自分たちの死者を葬らせなさい。あなたは行って、神の国を言い広めなさい」（ルカ九・六〇）とある通りです。

(3)したがって、キリスト者がこの世の歴史に関わる関わり方は、この世の人々が関わる関わり方とは、熱心さ、責任感などにおいてはいささかも不真実であってはなりませんが、その動機は根本的に異なります。なぜなら、キリスト者の動機は、召命を受けてキリストの祭司とされた者として、神を愛し、隣人を愛し、教会形成に励むことにおいて、何をするにも、その目標は常に「福音の前進」（フィリ一・一二）のためであり、それ以外ではあり得ないからです。「ひたすらキリストの福音にふさわしく市民生活をしなさい」（同一・二七、私訳）とある通りです。

それゆえ、特に信徒にとっては、その週日の生活は、世俗史形成の一端を担うという形で営まれます。彼らはまだ福音を知らないこの世の人々と共に「顔に汗を流してパンを得」（創三・一九）、共にその収穫にあずかる中で、福音を証しすることになります。しかも、この世の人々の内大部分の人は真面目に世俗史の形成に参与し、平和な世界の建設に努め、また、いわゆる「真・善・美」の理念を追求しています。彼らと共に生きるとは、「すべて真実なこと、すべて気高いこと、すべて正しいこと、すべて清いこと、すべて愛すべきこと、すべて名誉なことを、また、徳や賞賛に値することがあれば、それを心に留めなさい」（フィリ四・八）という聖書の勧めに従うことでもあります。

2　教会の国家・社会に対する証しの業について

　ところで、世界史が前進する力は、世界史自身の中にはありません。なぜなら、それは「虚無」に服していて、自分ではどの方向に行くべきかを知らないからです。その意味では、それはまさに現代が「ポスト・モダン」の時代と言われ、行くべき方向を見失っている時代であることとよく似ています。

　聖書はむしろ、次のように教えています。「被造物は、神の子たちの現れるのを切に待ち望んでいます。被造物は虚無に服していますが、それは、自分の意志によるものではなく、服従させた方の意志によるものであり、同時に希望も持っています」（ロマ八・一九―二〇）。この聖句の中の「被造物」の中心は、申すまでもなく、「人間」という被造物であり、その世界と歴史です。もちろん、他の被造物も除外されてはいません。ただし、わたしたちがこの「被造物」という言葉で単に地球という惑星の上に棲息する人間以外の被造世界のことだけを考えるなら、その「うめき」に耳を傾けるとは、今日の「環境倫理学」が取り扱う諸問題と取り組むという意味に矮小化されてしまいます。聖書の伝統的な使用法に従えば、「被造物」の第一の意味は「人間的被造物」であり、それにその周囲にある者たち――動物、植物、山や川や海などの自然界など――が加えられます。その被造物全体は、人間と共にこぞって神を賛美するように造られていました（詩一九、一四八編など参照）。ですから、その被造物が「共にうめき」「共に産みの苦しみ」を続けているのは、人類全体の救いという、神の創造の初めからのご計画の実現を求めてです。

　この御言葉の教えるところによれば、被造物全体は、人間の罪により「虚無」に服していて、その歴史は「前進」しないだけでなく、それ自体としてはむしろ「後退」や「崩壊」に瀕していると言うべきでしょう（同八・二一には、「滅びへの隷属」という言葉も使われているくらいです）。しかもそれでいて、被造物は同時に救いを憧れ、救いへの「希望も持って」（同八・二〇）いると語られています。それは、被造物が「滅びへの隷属」に陥ったのは、自分の意志によるのではなく、「地を治める」（創一・二八、口語訳）べき人間の堕落に伴い、神が為さしめたことであり、しかも、それだからこそ同時に、救いへの希望をも神のご意志によって与えられていると説明されています。そしてその希望は、ひとえに「神の子たち」の出現（救済史の成就）に掛かっていると述べられているのです。

そうすると、世界史をその「虚無」から真に脱却させる力は、「地の国」である国家・社会やそれを運営する人間の理性の力ではありません。理性はむしろ、混乱と無秩序を招くことが多いからです。またもちろん、自然（または宇宙）自身が内に持つ何らかの自己形成力や進歩・発展の力でもありません。

以上のことは、わたしたちに、教会の国家・社会に対する証しの言葉の有効性について、考察を促すでしょう。わたしたち、伝道途上国にある日本の教会に生きる者にとって、教会の証しの力はあまりにも弱く、ほとんど何の効果もないように思えてなりません。わずか三〇人や六〇人の信徒を相手に福音を語っても、それが何の役に立つのだろうとの疑惑にかられるかもしれません。信徒が毎日の生活で福音を証しする力もあまりにも微弱にしか感じられないことが少なくありません。また、教会は異教的な国家・社会の圧力にはひとたまりもないように思える時もあります。しかし、復活者キリストが現実の歴史と世界の王であられる以上、キリストの王権は教会の宣教を通して中心的に働き、必ず御言葉の勝利へと導くでしょう。したがって、パウロが言った通り、「堅く立って動かされず、いつも全力を注いで主の業に励みなさい。主にあっては、あなたがたの労苦がむだになることはないと、あなたがたは知っているからである」（一コリ一五・五八、口語訳）とある通り、宣教の言葉は無神的な国家・社会に対して決して無力ではなく、むしろ有力なのです。

わたしたちはここでは、歴史の主であるイエス・キリストは、最終的な意味で勝利者であるということの意味を、具体的に考えたいと思います。

要です。

(a)イエス・キリストの勝利と宣教の奉仕

神の和解と永遠の平和・偽りのない兄弟愛・完全な義を告げる教会の宣教は、国家・社会の健全化のために必要です。

もしも教会の宣教がなければ、国家・社会は自分の暫定性・相対性をどこからも知り得ず、「国家は永遠なり」といった自己絶対化の危険に恒常的におびやかされてしまいます。その結果、常に著しい指導権争いによる混乱や腐敗や崩壊の危機にさらされていることになります。また、国家や民族の膨張や自己絶対化による紛争や侵略の危険性は、すべての人間に罪性があるように、どの民族にも存在する「業」のようなものです。その意味で、どのような国家・社会も、それ自体で健全であることはできません。それが健全であるためには、単に民主政治と活発な議論だけでなく、イエス・キリストの御支配を告げる永遠の福音が必要です。

もっとも、このような神学的言辞は、キリスト教国になら通用しても、大部分の国民がまだ福音を知らない、例えば日本のような異教国や、教会がまだ存在さえしていない国家・社会には当てはまらないのではないかとの疑念が生じるかもしれません。しかし、キリスト教国であれ、非キリスト教国であれ、復活者キリストが「王の王、主の主」であり、彼のみがただ一つの救いの真理であり、「世の光」「世の希望」であるということには、少しも変わりはありません。したがって、神学者のK・バルトはその『和解論』第一七章六九節において、まさにキリストがあらゆる国家・社会のただ一つの救いの真理であり、世の光・希望であることのゆえに、まだ教会も存在せず、福音をまともには聴いたことのない異教社会に対しても、そのキリストから、ただ一つの救いの真理と光と希望の暫定的に有効な構成分や真理の諸断片が、さまざまな形で届いていると丁寧に説明しています(28)。その意味において、バルトは世界の諸宗教・諸思想・諸真理も、多くの誤謬と共にではあり、非常に断片的な、極めて不十分・不完全で、真なるものの影のような形ではありますが、例えば、「救いは存在する」とか「人間は謙虚でなければならない」というような形で、唯一の真理であり、この世の唯一の光・希望であるキリストを指し示し、キリストもまたそれらをも用いてこの世を統治なさると述べています。この考え方は現実社会にも妥当するでしょう。実際、それらの異教国家・異教社会がとにもかくにも国家・社会として持続可能であるのは、それら諸宗教・諸思想・諸真理がこの「キリストのみがこの世の唯一の光、希望であること」の不十分で応急的・一時的なものではありますが、証しとなっているからに相違ありません。

この考え方は、既に他宗教があるところでは福音はいらないという意味では決してありません。むしろ、ちょうど朝日が昇ると、どんなに部厚いカーテンですべての窓という窓を閉ざした家もその光の中にすっぽりと包まれ、家の奥深くまで朝日が差し込んで来るように、いったんキリストの福音が「世に来てすべての人を照らす」（ヨハ一・九）ようになると、他のイルミネーションや代用品は全く色褪せて不用となり、真の朝が明けそめるようになるのです。したがって、逆に言えば、キリスト者が一パーセントにも満たない日本のような伝道途上国においてこそ、その一層の健全化のために、福音宣教は喫緊にして枢要な課題であるということになります。

それは必ずしも、教会が直接政治に関わる発言を大小に関わらずするということを意味しません。それが必要なこともあるでしょうが、また、それがむしろ福音の信ぴょう性を失わせ、逆効果となることも十分注意しなければなりません。

むしろ、真摯な福音宣教が必ずこの世の政治・社会とその福祉や平和や正義のために、真の効力を発揮することについて、わたしたちはもっと確信を持つべきなのです[29]。その意味において、教会がキリストへの奉仕において行使する預言者職の内、最も重要なものは礼拝説教の中で行使されると考えます。すなわち、教会が神の国における永遠の平和・偽りのない愛・完全な義を宣教し、全人類にとって究極の希望としての終末があることを宣べ伝えることは、たとい直接的には国家・社会や政治に何らの影響をも及ぼし得ないとしても、間接的には、国家・社会の構成員である人々に平安と平和への憧れや希求を促進し、そのような世論や言論を興し、支えることができます。真の平和で福祉的な国家・社会の建設のために有益であり、必要不可欠なものです[30]。その原動力となるものが、日曜日の礼拝説教です。「あなたがたは地の塩である……あなたがたは世の光である。山の上にある町は、隠れることができない」（マタ五・一三―一四参照）と主も教えておられます。その意味において、勝利者イエス・キリストはこの日本の国家・社会にとってもただ一つの救いの真理であり、唯一の「世の光・希望」なのです。

それゆえ、キリスト教会のこの世に対する最大の奉仕は、常に福音宣教にあると考えます。また、それに必然的に伴うものとして、執成しの祈りがあります（創一八・二二以下）。聖書は国家・社会とその平和のために祈ること、具体的には、為政者のために祈ることを教えています（デモや声明文は、それらあってのことです）。「そこで、まず第一に勧めます。願いと祈りと執成しと感謝とをすべての人々のためにささげなさい。王たちやすべての高官のためにもささげなさい」（一テモ二・一―二）とある通りです。この「為政者のための祈り」も、キリストが教えられた「御国が来ますように」の祈りの中に含まれていると考えるべきでしょう。

(b)宣教奉仕以外の証しの業について

教会は福音宣教ならびに国家・社会のための執成しの祈りの他に、キリスト者としての特別の仕方で「神の国」、すなわち、神の永遠の平和、偽りのない兄弟愛、完全な義を証しすることができます。これらの奉仕もまた、教会の証しの一部分（広義の伝道〔この概念については、第3巻第1章第1節参照〕）と考えられますから、真剣に為される必要があります。

ここで初めに、中世カトリック教会の中で修道院が果たした重要な意義について想起することは、決して無駄ではないでありましょう（その役割は、ある程度まで今日のカトリック教会の中での修道院の意義についても妥当します）。

中世カトリック教会の歴史は、表面的に見れば皇帝権と教皇権の相克の歴史のようにも見えますが、その中にあって、中世カトリック教会の内的生命を支えたものは修道院であったと言っても過言ではありません。なぜなら、教会の組織が整い、典礼と制度が発達しても、単に礼拝が外面的に整然と行われていると言うだけでは、また福音宣教が十分に行われているとは言えません。その意味において、二〇〇〇年の教会史、特に西方ヨーロッパ教会史を調べれば、修道院の活動がどんなに大きな宣教の支えとなっていたかが分かります。と申しますのも、西方教会の修道院は、東方教会のそれとは異なり、社会から離れて神秘主義的な祈禱・修練に励むよりも、むしろ社会に出て行って伝道し、民衆と直接接触し、伝道と教育と社会奉仕にたずさわることによって、教会にとっての大きな精神的支柱となっていたからです。例えば、教会史家石原謙は「いずれにしてもローマ教皇と政治国家（ローマ帝国）とが政治的に一致してキリスト教ヨーロッパ世界を公教的構成体を〔ママ〕組織しようとしたときに、修道院はその内的精神的生活を代表する組織となって、それを支える原動力、いわば生命を意味した。それはもはや禁欲的遁世的な聖人の群れではなく、もし外的社会を個人の身体に比するならば、修道院はこれを生かす心もしくは精神としての役割を担った」[31]とその意義を強調しています。イエズス会、フランシスコ会、ドミニコ会その他、さまざまな特長を持った修道院がありますが、それぞれが非常に大きな福音伝道の担い手であり、かつ、「広義の伝道」という意味での社会奉仕の担い手でした。例えば、イギリスの伝道は教皇グレゴリウス一世（在位五九〇―六〇四）によって派遣されたアウグスティヌスという名のベネディクト派修道士によって飛躍的に進展しています。ある意味においては、宗教改革者ルターが提起した問題を中世カトリック教会が受け止められなかった最大の原因は、修道院がせっかく「アウグスティヌス戒律」や「ベネディクト戒律」、フランシスコの「第一戒律」などを与えられながら、それを活かし切れず、次第に信仰的・精神的な力に陰りを生じた所為で教皇たちが教会改革をずるずると先延ばしにしてきた結果、教会がいちじるしく堕落していったことにあると考えられます。それほど、修道会は教会にとって大事な存在でした。それは教会「の中に、またその傍らに」（in und neben）存在し[32]、「天」を想うだけでなく、「天」を想う故に「地」を愛する愛の実行団体であったからだと言えます。

その意味において、以下の考察において、わたしは中世カトリック教会において教会と完全に一体不可分であった修道会の存在の意義をここで改めて思い起こす必要を感ずる次第です。

顧みますと、日本の教会（カトリック教会と正教会を含めて）はこれまでに数多くの優れたキリスト者政治家、教育者、社会福祉家、社会事業家、学者、研究者、思想家、実業家、文学者や芸術家などを輩出してきました。これらの人々は、宣教に関していわば特別な証の賜物を与えられた人々です。

「伝道」は「奉仕」と不可分です。キリストの愛に支えられた地道な奉仕が、「広義の伝道」として極めて有力です。今日の日本では、かつて教会が行ってきた多くの果敢な奉仕の分野（例えばハンセン病患者のための医療奉仕などはその典型です）が、次第に行政の手に移されて行き、教会の担う分野が少しずつ減ってきています。それは一面においては日本社会の喜ばしい成長を意味しておりますが、他面においては、明治維新以来、日本政府は常にキリスト教会が社会奉仕や福祉の方面に手を出すことをあまり好まず、絶えず警戒のまなざしで見てきたところがありますので、単純に「社会の成長」として喜ぶべきことではありません。教会の奉仕は本来、キリストの愛に支えられた、純粋無私でいつまでも枯渇することのない愛を示すことができる点において、行政や民間が行うそれとは全く異なる面があり、強力な証しの一翼を担っています。これを取り戻したいものです。今日ではむしろ、キリスト教教育や福祉の方が一般のそれらに同化し、経営重視に傾いてしまっているようです。

それでは、具体的に言って、この分野での証しの業として、どのようなものが考えられるのでしょうか。

例えば[33]、キリスト者は福祉や医療の分野で、キリストの愛に支えられ、愛の枯渇を覚えることなく「神の愛」を証しすることができます。主は「はっきり言っておく。わたしの兄弟であるこの最も小さい者の一人にしたのは、わたしにしてくれたことなのである」（マタ二五・四〇）と言われました。

また、日本の教会は幼児教育や女子教育を初めとし、学校教育や大学教育の分野でも大きな働きをしてきました。今日でも、唯一のまことの神を知り、人間や自然や歴史が何であるかを弁え、真理と正義と善と平和の究極の理念を知っているキリスト者の教育は、福音の証しとして力があり、認められています。またそれは、国家に必要な人材を育てるという曖昧な目標よりも、「福音の前進」という明確な目標を持って、神の国と義と愛が立てられるための人材を育てるべきでしょう。教育は最も富の誘惑に陥りやすい分野ですので、本来の使命を忘れないよう、くれぐれも注意しなければなりません。

また、キリスト者は「神の平和」を証しする者として、特別に平和のために祈り、働くことができます。そのために自分の命を失ったり、長い間牢獄につながれたりしなければならないかもしれませんが、キリスト者は「平和の神」（ロマ一五・三三、一コリ一四・三三、フィリ四・七など参照）を知り、罪の赦しを知っておりますので、特別の証しをすることができます（マタ五・九参照）。

また、キリスト者は「神の義」を証しし、「社会活動」に取り組むこともできます。なぜなら、福音を通して万人が共有しうる理念（例えば、自由、人権、平等、世界平和、平和国家、福祉国家などの理念）を福音の光の下でよりよく理解し、判断できるキリスト者は、神の義の実現を祈り、みずから努めることにおいて福音を証しすることができるからです。ただしそれは、自分たちの偏った正義やある特定のグループや階級の正義の実現ではなく、基本的に言って、愛から出た奉仕の業であり、「神の国と神の義」を求めるものであり、終末におけるそれらの完全な実現を待望するような業でなければ無意味です。したがって、終末信仰を堅持した礼拝者の業でなければなりません。

最後に、「政治の領域」でも、証しは不可能ではありません。ただし、この領域では、さまざまな集団・階級の間に対立・抗争があり、複雑な利害関係やイデオロギーがからみ合った勢力同士の間に憎悪や闘争がありますので、たといキリスト者が独自の正義感で何かを主張し、党派を（当然、非キリスト者と連携して）形成し、成功しても、それがただちに証しとなるとは限りません。しかしながら、キリスト者が歴史を支配しておられるのは唯一のまことの神であると固く信じ、神礼拝を常に自分の第一の務めとし、御言葉による正しい判断を熱心に祈り求めるならば、良いキリスト者政治家となり、その生涯の全体を通して、「神の国の福音」を証しする可能性は十分に残されています。その意味で、「職業としての政治」[34]は、キリスト者青年にとって一つの立派な選択です。

以上のように、教会は福音の宣教と執成しの祈りにおいて、そして、一人ひとりの信徒は日々の証しの生活において、主の再臨の日まで、「天」を想いつつ「福音の前身」のために力を尽くすことができます。

(c)証しと殉教

最後に、「証し」は「殉教」を含み得ることについて一言述べたいと思います（事実、ギリシア語では「殉教」と「証し」は同じ「マルチュリア」という言葉です）。

国家は人間理性によって運営されますが、その理性の力がサタンの力に敗れ、自らを神格化することによって御心に著しく背き、悪魔化し、教会をも迫害する場合があり得ることを、聖書も歴史も繰り返し教えています。[35]

実際、エフェソの信徒への手紙六章一〇節以下は、宣教における「わたしたちの戦いは、血肉を相手にするものではなく、支配と権威、暗闇の世界の支配者、天にいる悪の諸霊を相手にするものなのです」（一二節）と教えています。[36]教会と神学は、長い間キリスト教世界（corpus Christianum）の中にありましたので、このサタン的勢力のことをあまりにも異教世界の勢力と同一視しがちでした。しかし、二つの世界大戦により、自分たち自身の中にある「闇の力」にも目を開かれるようになりました。ただし、極端な安心感と同様、極端な危機感も危険であり、決して当を得たものではありません。常にキリストの勝利と福音の力を信じて、大胆に福音を宣べ伝える必要がありましょう。

ここで特に考えておきたいことは、国家が教会を圧迫する場合についてです。なぜなら、国家が悪魔化する場合、最初に攻撃対象とするものは、常に思想・良心の自由や信教の自由のようないわゆる「精神的自由」であり、まずそれを崩そうとするからです。キリスト教会は、真っ先に攻撃対象の一つとされるでしょう。そのような場合、教会に許されている「抵抗権」(Right of Resistance) があるとするならば、それはどのようなものなのでしょうか。一般の法理論としての「抵抗権」はしばらくおくとして、聖書的に考えれば、教会にとっての最強の抵抗は常に殉教です。それは、福音宣教や礼拝が禁じられたり、信仰箇条のいずれかまたは全部を否定するよう強要されたり、偶像礼拝を強要された時などに、神の法のために国家の法を犯すという仕方で行使されます。「神に従わないであなたがたに従うことが、神の前に正しいかどうか、考えてください」(使四・一九) とある通りです。もちろん、国法を犯した責任は負わなければなりません。

その際、キリスト者はその告白する信仰の故に、[37]「体は殺しても、魂を殺すことのできない者どもを恐れることなく、「むしろ、魂も体も地獄で滅ぼすことのできる方を恐れ」(マタ一〇・二八) て死ぬことができます。なぜなら、主は「陰府の力も、これに対抗できない」(同一六・一八) と約束されたからです。[38]実際、「殉教者が流す血の一滴は、一人のキリスト者を生む」(テルトゥリアヌス) のです。

ただし、既に述べました通り、人前で命を捨てる「見える殉教」のみが殉教ではありません。むしろ、キリスト者が信仰に堅く立って召命に生きる毎日が、殉教の毎日となるべきでしょう (その意味でも、日頃の宣教の質が問われなければなりません)。また、そうでなければ、いざという時に殉教はできません。殉教は求めてするものではないからです。パウロの「獄中書簡」と呼ばれる、おそらく最後の手紙であるフィリピの信徒への手紙は「喜びの書簡」とも呼ばれますが、その隠れたテーマは「殉教」です。しかしパウロは、「殉教」という言葉はあまり使わず (同二・一七が例外)、むしろ、「福音の前進」という言葉を使っています。そして、「生きるにも死ぬにも、わたしの身によってキリストが公然とあがめられるようにと切に願い、希望しています」(同一・二〇) という言い方で心境を吐露しています。しかも、「一方では、この世を去って、キリストと共にいたいと熱望しており、この方がはるかに望ましい」と言いながら、「だが他方では、肉にとどまる方が、あなたがたのためにもっと必要です」と言って、後者について語る口調は、やはりとても明るいのです（同一・二三以下）。つまり、どんな時でも大胆に信仰に堅く立ち、福音に生きることが最大の証しである以上、どんな時にも熱心に福音伝道に励み、国家・社会の平和と健全化のために執成しの祈りをすることが、生きている者のあり方であると教えられます。真の殉教は、国家への敵愾心からではなく、国家と同胞への愛の故になされるべきものです。

第3節　「御心が地にも行われますように」と祈る教会

最後にわたしたちは、「主の祈り」の中の三番目の祈り、「御心が行われますように、天におけるように地の上にも」に導かれて、神との和解に生きる教会のあり方について考えたいと思います。初めに、この祈りの意義を確認しておきましょう。

この祈りは、前の二つの祈りと比べると、ずっと分かりやすく、わたしたちにもなじみ深い祈りです。もちろんこの祈りは、祈る者のさまざまな意志が実現することではなく、神のご意志の実現を求めています。多くの場合、さまざまに思い悩んだ挙句、自分の願いよりも神の御心が実現することがいちばん望ましいと考えて、祈っているのかもしれません。それでも、信仰が成長するに従い、ますますなじみ深くなり、毎日唱えるようになる祈りです。

神の御心は、「天」において完全に行われています。それと同じように、「地」の上でも行われますようにという祈りです。[39]「天」とは、申すまでもなく、すべてのことが父・子・聖霊なる神の御心通り行われている、喜びと幸の溢れる場所です。そして、この「天」とわたしたちが住んでいる「地」とでは、人類の堕落によって、まさに「天地雲泥」の違いが生じました。「地」は人間の情と欲、ねたみとそねみ、争いと暴虐に満ちています。わたしたちキリスト者の生活も、肉の弱さのゆえに、家庭や職場で起こるさまざまな問題に振り回され、必ずしも信仰の原理を貫くことができません。この世の原理で処理している内に、いつの間にか、自分自身がこの世に押し流されてしまいます。

その意味において、この祈りは、まさに相反するものの相克の中で、自分自身を信仰者として確立し、主に従うための祈りであると言えます。なぜなら、「主の祈り」の中のこの祈りこそ、まさに主イエスの生涯の祈りそのものであり、そして、主が「ゲツセマネの園」で祈った祈りの中核を成す祈りであったことは明らかだからです。主はゲツセマネの園で、初めは、「父よ、できることなら、この杯をわたしから過ぎ去らせてください。しかし、わたしの願いどおりではなく、御心のままに」（マタ二六・三九）と祈られました。人間としての主イエスの思いと聖なる父の聖旨とが一晩中相撲を取るような中で、主の額から汗が「血の滴りのように」（ルカ二二・四四）地に落ちました。その祈りが、途中から微妙に変えられました。「あなたの御心が行われますように」（マタ二六・四二）という祈りへと変えられました。そして最後には、はっきりと父の御声を聞くことができ、確信をもって十字架への道を歩み始められました。このようにして、人類の救いが成就したのです。

このように、「御心が行われますように」という祈りは、わたしたちが信仰者として生きる生き方の根本を確立し、「地」や「世」の流れや「運命」に流されず、「天」を仰いで生きるようになるための祈りです。神に信頼し、その御心を最高最善のものとして従うための祈りです。そのような服従の能力が、自分自身の中には皆無であるからこそ、この祈りが必要なのです。

したがってこの祈りは、わたしたち人間の思いがゼロになるための祈りではなく、むしろ、神に委ねる形で、それを一〇〇パーセント確立するための祈りです。ただの第三者的な見物人となって、「主よ、あなたのご意志が勝手になりますように」と祈るのではなく、また、くよくよと悩んだ挙句、「主よ、あなたのお考えを、ご参考までにお示しください」という祈りでもありません。その程度の祈りであれば、御心は示されません。実際にはとうに示されているのに、それに気づかないか、秘かに抵抗しているだけです。要するに、人間の思いを先に立てれば立てるほど、御心は見えなくなります。キリスト者であれば、「御心をお示しください」ではなく、本当に「御心が成りますように」と祈ります。

この場合に、神の御心と人間の思いとは、本当にまっさかさまで、永遠に矛盾するのでしょうか。実はそうではなく、御霊は人間の心の奥底に、まことの「天」を想う想いを授けられ、わたしたちも、心のどこかでそれが最も善いと同意しているからです。その意味で、この祈りは、キリスト者がキリスト者として生きるための原点に立とうとする祈りです。そう言ってよければ、黒人霊歌の“I want to be a Christian”（わたしはキリスト者になりたい）という切なる思いが込められている祈りです（『讃美歌第二編』一七三番参照）。

この祈りについては、さらにもう少し拡大して考える必要があります。というのも、神の御心は単に「わたし」一人においてだけでなく、この被造世界全域で行われることがもともとの本旨なのですから、この「地」の上にも御心が行われますようにと、わざわざ「地」という言葉が使われています。では、全被造物に関わる神の御心（ご意志）とは何なのでしょうか。それは、「神の国の成就」であり、「被造物の救い」に他なりません。主は「迷い出た羊」の譬の中で、こう語っておられます。「そのように、これらの小さな者が一人でも滅びることは、あなたがたの天の父の御心ではない」（マタ一八・一四）。そして、使徒パウロも、「被造物は虚無に服していますが、それは、自分の意志によるものではなく、服従させた方の意志によるものであり、同時に希望も持っています」（ロマ八・二〇）と述べています。したがって、この祈りを祈る時、キリスト者は究極的には、全被造物の救いを祈りつつ、終末を待望していると言えましょう。自分が一人のキリスト者となることと、全被造物が救われることとは、常に不可分だからです。言い換えるならば、キリスト者はアブラハムの子として、自分が祝福を受けただけでなく、全被造物の「祝福の源」（創一二・三）とされています。また、そうさせられるための祈りです。

本節では、この祈りに導かれながら、この世界にどのようにして主イエス・キリストの主権が確立され、人々が救われるかについて、また、教会はそのためにどのような意味で「祝福の源」となるべきかについて、考えたいと思います。具体的に言えば、神の救いの御心が成就し、「万事を益とする」（ロマ八・二八）神の摂理について（第1項参照）、そして、その中で具体的に救済史を生きるキリスト者について（第2項参照）、ご一緒に考えたいと思います。

1　神の摂理について

初めに神の歴史支配、なわち、御心が行われる「摂理」（providence）について考えたいと思います。キリスト者は、キリストの歴史支配を確信し、「万事を益とする」神を信じているからこそ、「御心が行われますように」と祈るからです。

神学の常識では、多くの場合、「摂理論」は「創造論」の中で論じられ、父なる神の御業の方に振り分けられることが多いようです。実際、『ハイデルベルク信仰問答』でもそのような扱いを受けています。しかし、神の摂理に関して聖書が引用される場合、最も重要な典拠とされるのは、言うまでもなく、ロマ八・二八の「神は、神を愛する者たちと共に働いて、万事を益としてくださる」（口語訳）に他なりません。この聖句が現れるのは、神の創造について述べられた文脈においてではなく、和解者なる神が世界史（被造物）を救いへと導いてくださるという文脈においてです。また、「キリストはすべての敵をご自分の足の下に置くまで、国を支配されることになっている」（一コリ一五・二五）とあります。さらに、上掲の『ハイデルベルク信仰問答』の「神の摂理とは何か」という問いに対する人口に膾炙した答えを全文引用しますと、こうなっています。「それは、神の全能なる、今働く力です。その力によって、神は、天と地と、そのすべての被造物をも、御手をもってするごとくに、保ちまた支配してくださり、木の葉も草も、雨もひでりも、実り豊かな年も実らぬ年も、食べることも、飲むことも、健康も病気も、富も貧しさも、すべてのものが、偶然からではなく、父としての御手によって、われわれに、来るのであります」[40]。この中で、確かに「木の葉も草も」というように、創造者なる神が被造物を「保持」（erhalten）し、「統治」（regieren）する御業への言及はあります。しかし、注目されますのは、神の摂理が偶然や運命とは異なり、慈愛の神の「父としての御手によって」来ると語られているところです。つまり、この「父としての御手による摂理」とは、いわば、「神の御顔が見える摂理」であると言えましょう。つまりここでは、「和解の事態」が生じたという和解論の文脈の中で、「キリストの御国」について論じているのです。

キリスト者にとって、「運命」と「摂理」の決定的な違いはどこにあるかと言えば、運命には顔がありませんが、摂理には、「和解者なる神」という顔があることです。祈る者には、神の慈愛の御顔が次第により良く、よりさやかに自分に向けられていることを知るようになるでしょう（民六・二六参照）。それはいったい、どのような御顔なのでしょうか。わたしたちは、キリスト教の「摂理論」の最も確かな根拠は、「ゲツセマネの祈り」でこの世の罪と死に勝利したイエス・キリストの勝利にあると信じますので、摂理を信ずるとは、キリストを十字架に行かせられた父なる神の御顔がさやかに見えるようになることだと述べることが許されます。「御心が行われますように」という祈りは、明らかに、「ゲツセマネの祈り」の中心だったからです。この祈りを祈り、主はわたしたちの救いを成し遂げるべく、十字架に赴かれました。

そうであるとするなら、あのゲツセマネの祈りを祈る主が仰ぎ見る父の御顔が、「御心が行われますように」と祈るキリスト者にも次第に見えてくるのです。キリスト者は現実や歴史を見るとき、この父なる神の摂理を信じ、その御言葉と御霊を彼の「導きの星」とします。彼は具体的にキリストに従い、キリストを「王の王、主の主」と仰ぎ、この混乱と無秩序に満ちた世界の中で御心に従って歩むようになるのです。

その意味で、「世界教会協議会」（ＷＣＣ）は、第二次大戦後の混沌と無秩序に満ちた世界に神が介入し、平和を来たらせてくださることを祈るために集められた時、和解者なる神のことを念頭に置きながら、「神の秩序と人間の無秩序」（スイスの諺"Hominum confusione et Dei providentia Helvetia regitur"から取られた言葉）という標語を選び（一九四八年のアムステルダム大会にて）、次のエヴァンストン大会では「世の望みなるキリスト」（一九五四年）を、そして一九六一年のニューデリー大会では、「世の光なるキリスト」を選びました。これらはいずれも、十字架に掛かり、復活され、やがて再臨されるキリストがこの世界のただ一人の「王」であり、唯一の希望であり、光であるという信仰から出ています。

その神に自分のすべてを委ね、思い煩いも、生も死も委ねることができる幸いを知っているキリスト者は、この「御心が成りますように」の祈りを祈る時、全世界の前で、キリストの証人として召し出されていることを自覚します。すなわち、救済史の中を生きる者となり、全世界の神との和解とお互い同士の和解による真の救いを祈っています。それゆえ、患難と困窮の中でキリストの御名を呼ぶのです。キリストは、キリスト者と教会をご自身のように愛しておられますので（使九・五）、その祈りに必ずお応えくださるでしょう[41]。「あなたがたには世で苦難がある。しかし、勇気を出しなさい。わたしは既に世に勝っている」（ヨハ一六・三三）と仰せられたキリストは、また、「今までは、あなたがたはわたしの名によっては何も願わなかった。願いなさい。そうすれば与えられ、あなたがたは喜びで満たされる」（同一六・二四）と言われました。それゆえに、キリストに祈る者は、「あらゆる不遇の中にも、忍耐深く、幸福の中には、感謝し、未来のことについては、われらのより頼むべき父に、よく信頼する[42]」ことを、知っているのです。

2　救済史を生きるキリスト者

そこでわたしたちはこれから、神の摂理を信じ、「御心が行われますように」と祈り、具体的に救済史を生きるキリスト者について考えたいと思います。しかしその前に、歴史神学的な考察の意味について、若干述べておきたいと考えます（a参照）。その後で、聖書の「原初史」のいくつかのテキストについて黙想し（b参照）、最後に、すべてのキリスト者の「信仰の父」であるアブラハムの出立について（c参照）考えたいと思います。

ⓐ歴史神学的考察の意味について

わたしたちが自分の信仰を現実の歴史に当てはめ、歴史を解釈し思索することを、「歴史神学」と呼びます。この歴史神学には、聖書の中にもダニエル書のような先例があり、神学的伝統がすでに第二世紀後半の無名の著者（一説ではユスティノス）による好著『ディオグネートスに与える書』などの先例もありますが、特にアウグスティヌスの『神の国』によって築かれ、今日に至るまで脈々と続いています。(43)『神の国』でアウグスティヌスがあのような壮大な思索を展開したきっかけは、ローマの都に蛮族が侵入し、現実の歴史に翻弄されるただ中にあって、教会はどうなるのかという人々の大きな不安があったからです。この書物の中で、アウグスティヌスは人間の第二の本性とも言うべき原罪を歴史の根源に遡って思索し、現実世界に働いてその汚れた心を清め救おうとする神の愛の御経綸とその終局とを考察しようとしています。わたしたちも、規模も内容も相当に異なりはしますが、この一九六〇年代以降の歴史の流れの中で、日本の教会の五〇年後、一〇〇年後はどうなるのだろうという不安や心配が思索の出発点となっていることは事実です。

アウグスティヌスはこの書の第1巻において、蛮族のローマ侵入の際、教会が避難所となったことをまず挙げ、次に、その際にキリスト者婦人が神に対する信仰を堅く保ちながらも肉体的に暴行・凌辱を受けた場合、彼女が自殺する必要はあるのかという問いを出して、なぜその必要がないかを丁寧に述べています。そして、この書の第一一巻から聖書釈義に基づく優れた歴史神学的考察を展開しています。この書は「原初史」（創一―一一章のこと）から新しい天と新しい地の出現と最後の審判までを叙述し、「栄光に満ち溢れる神の国は、この移りゆく時の中にあっては『信仰によって生きつつ』、不信の子らの間に寄留しているが、かしこにあっては、揺るぎない永遠の座に確く立っているのである。神の国はこの永遠の座を、いま『忍耐して、待っている』[44]」と述べています。[45]

ところで、それでは、わたしたち日本の教会は、現在どのような歴史的状況の中にあり、どのような危機に直面しているのでしょうか。

わたしたちは既に本シリーズ第1巻の第1章において、日本の教会がその中に置かれている環境を、主として宗教社会学的な観点から考察しました。すなわち、わたしたちは古代・中世とは異なり、「近代」というものを、宗教と理性の位置の逆転によって始まった時代・社会と捉え、その特徴として、科学技術の発展による「工業化」、人間の生活様式の「都市化」、政治における「民主化」が著しく促進され、その結果、地球規模における「世俗化」が起こった時代であると述べました。[46] しかしその「近代」が、多くの社会学者や思想家たちが指摘している通り、今や「行きづまり」を迎え、「後・近代」（「ポスト・モダン」）としての「現代」の諸問題に突き当たっているとして、後者をわたしたちは三つの言葉、すなわち、「大きな物語の終焉」「宗教多元主義の出現」「鋼鉄の硬い檻」という言葉で特徴づけました。「大きな物語の終焉」とは、さまざまなイデオロギーを伴った思想体系の行きづまりや破綻のことです。「宗教多元主義の出現」（または、「社会学的啓蒙の始まり」）とは、真理は一つという考え方が行きづまり、バベルの塔の時のように、人類的規模におけるコミュニケーションが破綻し、テロの時代を迎えたことです。そして、それらの結果として、世界全体がM・ウェーバーの予言通り、「鋼鉄の硬い檻」の中に閉じ込められそうになっています。つまり、さまざまな行きづまりの象徴としての「構造」の時代と、平和共存の危機が来ています。これに伴い、公害、環境破壊、自然破壊（地球温暖化、核による汚染、砂漠化など）、老人問題、人口問題、格差社会の拡大などの問題が目白押しに現れています。それはまた、一言で言えば、世界の「和解」が希求されている時代だといってもよいでしょう。ただし、その解決が神との和解にあることには気づかれていない故に、まさに「行きづまり」があるのです。歴史神学の出る幕はそこにあります。なお、これらは若干の修正を施されれば、その中に置かれている日本社会にもそのまま当てはまる問題であると言えます。

また、わたしたちは第1巻の第2―3章では、日本の独特の事情として、日本社会が今日なお、「国家神道」という特別の宗教的・国家的社会構造の中にあり、キリスト教会は仏教を既に先客として持っていることの意義も明らかにしました。また、もう少し微視的に見れば、日本の教会は一九六〇年代以降、「急激な社会変動」(the rapid social change) と呼ばれる歴史の推移の中で、特に日本基督教団などは、世界的な規模で展開された新左翼的学生運動の荒波をまともに受けて大きく揺らぎました。伝道が十分にできない「荒野の四〇年」が続いた結果、後継者不足に陥り、教勢の低迷状態が続いています。この状態はしばらく続くと見るべきでしょう。

以上のことから、本シリーズ第1巻の結論を簡単に述べれば、やはり日本の教会も、「エクソダス」(日本社会からの内的脱出) を忘れず、「聖なる公同の教会」を目指して歩むよりほかに、神と日本人同胞への奉仕の道はないということになります。

このような中で、日本の教会がこれからどのように日本社会と共に歩むべきかを考えるに当たって、本巻の最後に、わたしたちがアブラハムの出立について黙想することには、十分な妥当性があります。なぜなら、アブラハムの召命から救済史というわば聖書の「本文」が始まっているという言い方が十分に成り立つからです。だとすれば、わたしたちがこれから改めて福音を「語り直し、生き直し」、教会を「立て直す」ことを考える場合、アブラハムの召命と出立とは、どのようなものだったかを考える必要があります。わたしたちはまず、「信仰の父」である彼の出立を、さらにその一つ手前にまでさかのぼって、「原初史」の考察から考えてみたいと思います。というのも、聖書の「本文」への偉大な「序文」である「原初史」の叙述において、著者(主としてヤーウィスト)は神が天地を創造されてからアブラハムを選ばれるまでを物語風に語りながら、神学的にも、そして文学作品としても、なぜこの混沌とした世界は神との和解を必要とし、アブラハムに始まるイスラエルの選びとイエス・キリストの救いがなければならないかを、この上なく見事に描いているからです。ソロモン王朝（九六一頃―九二二）の時代に（最近では捕囚期もしくは捕囚後にという学説もあります）この「原初史」を著したとされる著者の筆致は、すでに十分に非宗教化され、祭儀や奇跡や古代の低俗な神秘思想からも十分に解放され、その並外れた知性の高さ、世界的文豪に優るとも劣らない人間洞察の深さ・鋭さ、世界史を神学的に見つめる目のしたたかさを示していて、すでにイスラエル王朝の精神的崩壊をさえ見透かしています。[47] わたしたちはこの「原初史」の記述を通して、聖書が人類の歴史をどう見ているかを垣間見ることができます。つまりそこには、第一に、やはり歴史（saecrum）の「循環的構造」とも言うべきものを見て取ることができます。それは、後に申命記的作者がイスラエルの歴史について次のように述べている歴史観とほぼ一致するものです。「主は彼らのために士師たちを立て、士師と共にいて、その士師の存命中敵の手から救ってくださったが、それは圧迫し迫害する者を前にしてうめく彼らを、主が哀れに思われたからである。その士師が死ぬと、彼らはまた先祖よりいっそう堕落して、他の神々に従い、これに仕え、ひれ伏し、その悪い行いとかたくなな歩みを何一つ断たなかった」（士二・一八―一九）。この「罪を犯し」「神に助けられ」「悔い改め」「一層堕落して罪を犯す」という四拍子の（いわば水平的・時間的な意味での）循環構造に対して、「原初史」はまた、第二に、歴史には一定の垂直方向的な枠組みがあることをも示唆しています。すなわち、歴史は神へ帰り、神に服従することなしには救われないという明白なテーゼです。これを歴史の「水平的・循環的構造」に対して、「垂直的・救済史的構造」と名付けることができます。そして、実際に被造物の中の一部が、神へと（いわば垂直的な意味で）向かい始めることが、以下の(b)でわたしたちが取り上げるテキストにおいても、そして特に、(c)で取り上げるアブラハムの出立において、非常に明確に述べられています。

さて、わたしたちがここで述べたいことの要点は、次の事柄を明らかにすることに他なりません。つまり、この「垂直的・救済史的構造」においては、神とわたしたちキリスト者だけがこの世の救いを祈り願っているのではなく、実は、神が愛されるこの被造世界全体が、まさに聖霊の圧倒的・主導的な働きによってですが、「自分の方から」自発的に神との和解を求めているということです。このような（神の降下と人間の上昇という）双方向的構造をしっかりと見て取る必要があろうかと思います。

なぜなら、「被造物は虚無に服していますが、それは、自分の意志によるものではなく、服従させた方の意志によるものであり、同時に希望も持っています」（ロマ八・二〇）と証言されていますように、「被造物」（その中心は人間であり、この場合には、罪と悲惨の中にある人間世界のことになります）の方でも、一方においては神に背を向け、福音を拒んで生きておりながら、他方においては、まさしく虚無と滅びの縄目の中で救いの言葉を求めて喘ぎ呻いているという側面が、確かにあるからです。この被造物の願いは、ちょうど、キリスト者がすでに「〝霊〟の初穂をいただいて」おりながらも、一層切実に御霊によって「神の子とされること、つまり、体の贖われることを、心の中でうめきながら待ち望んで」（ロマ八・二三）いることと同じように、御霊と共なる切なる「うめき」であり、「産みの苦しみ」（同八・二二）であると証言されています。したがって、この世は決して、福音をただ一方的に暴力的に押し付けられる対象ではなく、また、サタンの完全な支配下にあって神を本性的に憎んでいるのでもなく、むしろ反対に、確かに一方では神に背いて我を張りながら、他方においては、神を求めて呻き苦しんでいるという互いに矛盾した二面性を持っていると証言されているのです。

このことは、そもそもなぜ「中間時」があるかを考えてみればただちに明らかなことです。なぜなら、神が天から終末を来らせることは、全く暴君か専制君主のように、被造物の思いをまるで無視し、やみくもに、暴力的にそうするのではなく、また、被造物に最初から仕掛けられていた自爆装置が爆発して終末が来るのでもないからです。むしろ、被造物の頭である人間が自ら悔い改め、人間の方から、「主よ、来たりませ」と祈ることを最も重要な条件とし、神が忍耐して待っておられることを忘れてはなりません（もちろん、それだからと言って、「盗人が夜やって来るように、主の日は来る」（一テサ五・二）ことには何ら変わりはありませんが）。「神は、すべての人々が救われて真理を知るようになることを望んでおられ」（一テモ二・四）、また、「福音はあらゆる民への証しとして、全世界に宣べ伝えられる。それから、終わりが来る」（マタ二四・一四）のです。

　それでは、何が真の意味で被造物の希望を成就させ、歴史を完成させるのでしょうか。パウロは先ほどのロマ八・一九で、「神の子たちの出現」によると述べています。神の子たちが出現することが、肝腎なのです。では、「神の子たちの出現」とは、より正確に言えば、何なのでしょうか。それは単に、「キリスト者が増えればよい」ということなのでしょうか。そうではないのなら、では、この聖句は何を言っているのでしょうか。

　パウロはここ（ロマ八章以下）で、明らかに、福音宣教の緊急性・切実性について、深く黙想していたに相違ありません。そのようにして、ローマの信徒への手紙九章一節以下の新しい展開が出てきていると思われます。つまりパウロは、キリスト者の救いとこの世の救いとを、同じに考えているのです。その中でユダヤ人の救いもまた考えられています（ロマ九・一以下）。少なくともこのローマの信徒への手紙八章一八節以下の御言葉は、内容的には、一〇章一四節以下につながっていかなければなりません。「宣べ伝える人がいなければ、どうして聞くことができよう」（同一〇・一四）という御言葉です。歴史を真に動かし、内部から変えていく力は、「神の言葉」が御霊によって語られ、御霊によって聴かれることです。なぜなら、神の言葉はこの世界の「内部」から聞こえてくる言葉ではなく、この世界の「外部」から聞こえてくるからです。神の言葉を語る口が必要です。逆に言えば、もしわたしたちがほんの一言でも「神の言葉」を聴くことができたなら、その時には、この世界も、教会も、われわれの人生も、根本から造り変えられるのです(48)。

　それゆえ、イエス・キリストの王職は、具体的には、その預言者職を通して執行されると考えます。キリストの王権は、わたしたちに「見える」形では、御言葉の宣教を通して行使されます。そして、わたしたちには「見えない」形で、御霊の注ぎを通して実を結びます。だからこそ、御霊は被造物の中で「共にうめき、共に産みの苦しみを」続けるのです（同八・二二）。「イエス・キリストは勝利者である」という古代教会の神学者たちがこぞって懸命に取り組んだ主題[49]も、具体的に考えれば、キリストの預言者職を通してであると理解されます。したがって、なぜ、また、どのようにして、復活したキリストは歴史の中に現臨し、それを支配し、完成へと導かれるかについての詳細な議論は、その預言者職についての考察の中で（本シリーズ第3巻で）扱われることになります。本書では単に、死人の中から甦られ、天に昇り、神の右に坐しておられるイエス・キリストが真の王であり、やがて再臨される彼は、御言葉において既に勝利しておられるという無限に確かな事実だけを、簡潔に述べたいと考えます。

大木英夫は、歴史神学の試みは、「世界は教会となりたがっている[50]」ことを明らかにすることであると述べました。至言であると考えます。わたしたちが伝道論を聖書に基づき、組織神学的に基礎づけようとする場合、この観点を失うことはできません。わたしたちは決して、希望のない「悪い時代」を生きているのではありません。「悪い時代」というものはなく、ただ「困難な時代」があるだけです。どんなときでも、確かな希望を持って、「アーメン、主イエスよ、来てください」（黙二二・二〇）と祈ることができるからです。

その意味で、わたしたちは本書を締めくくる場所に、この歴史神学的考察を置きました。歴史神学とは、歴史や現実を神学的に考察することであり、信仰に基づく神学が主導的となります。現実の中の見えないものに目を注ぐこと（二コリ四・一八）、否、「望み得ないのに、なおも望みつつ信じる」（ロマ四・一八、口語訳）ことです。聖書の「原初史」の黙想を経て、最後に、アブラハムの出立について、ご一緒に考えましょう。

(b)聖書の「原初史」の黙想より

「原初史」の著者は、決して自然科学者として（そのような学問はもちろんなかったのです）宇宙開闢説を述べているのでもなく、考古学者や歴史家として（これも同様です）人類史の最初期を描いているのでもありません。もちろん、「神話」を語っているつもりも全くありません。その主題は一貫して「神によるこの世界の救いと和解」であり、「神によって最も善く、完全に創られたはずのこの世界は、なぜ、神による救いを必要とするのか。また、その中でのイスラエル（つまり、教会）の使命とは何か」を述べています。それは世界最初の歴史神学的試みであるとも言えましょう。わたしたちは、その叙述の中から、特にアダムとエバの堕落直後の創世記第四章を取り出し、そこで明白に語られているメッセージを聴き取りたいと考えます。

カインとアベル（創四・一―一六）

アダムの妻は身籠もり、カインとアベルを産みました。エバは「命」という意味で（創三・二〇参照）、女性は神と共に、すべて命ある者たちの命の創造に与っていると言われています。こうして、人類最初の四人家族がめでたく誕生したわけです。しかし、堕落した人間の家庭で起きた兄弟殺しが、人類同士の最初の罪として明記されています。

(1)この記事については、まず、H・J・イーヴァントの黙想の最初の文章をそのままご紹介するのが良いでしょう。「カインとアベルの物語を読み始めるとき、われわれがまずわきまえなければならないことがひとつある。著者の意図からすれば、われわれは泉のほとりに立っていることになる。この泉から、恐るべき血の流れが何百年もの歴史を通じて流れているのであって、それはいつも繰り返して、兄弟殺し、戦争、革命、死をもたらすような憎しみによってその流れを増大させる。この流れはその両岸に、傲慢な世界国家が並び立っているような流れである。ここにこそ世界国家を形成し、その国家を営んでいく出来事の源泉があるのである」[51]。つまり、この記事の視野の中には最初から、神によって楽園を追放された人間同士の兄弟殺しから、愛と憎しみ、国家と戦争（平和）、呪いと血、そしておそらくは、兄弟を失い、故郷を失ったカインが建てた都市（創四・一七）に潜むさまざまな問題性までが、入っています。著者ヤーウィストの鋭いまなざしの中には、既にダビデ・ソロモン王朝の崩壊までが見えていたようです。

(2)ところで、「主はアベルとその献げ物に目を留められたが、カインとその献げ物には目を留められなかった。カインは激しく怒って顔を伏せた」（四―五節）とあります。カインの気持ちは分からないではありません。なぜ自分ではなく、弟なのか。自分よりも劣っていると思われる人が上司から可愛がられ、古くからいて、会社のためにずっと貢献してきたこの自分が認められない理由が分からない。大抵の人はこのような事態を「不公平」と呼び、耐えることができません。もし聖書に、献げ物の品格やささげ方の善し悪し、その時の心構えなどに関する説明や示唆が一言でもあれば分かりやすいのです。[52] しかし、聖書はむしろ、一切の安易な説明を拒否しています。

その理由としては、「神との関係が壊れた結果、兄弟を愛することができなくなった」という肝心の中心点から目を逸らすことがないためという修辞学上の理由も考えられないわけではありません。しかしむしろ、著者ヤーウィストとしては、神の選びが人間の思いを超えたものである故、説明すべきではないと考えていたことの方が、ずっと蓋然性が高いようです（本書第1章第1節第3項参照）。なぜアベルを選び、カインを退けられたかは、神の永遠の秘義であり、誰も知ることはできません（ロマ一一・三三参照）。神はただ、その心の底から溢れ出る自由な憐れみによって、「恵もうとする者を恵み、憐れもうとする者を憐れむ」（出三三・一九）べく、アベルを深く憐れまれたにしか過ぎません。

ただし、この「自由な選び」の上に立って考えた場合、兄の「カイン」という名前は別として、弟の「アベル」という名前は、この物語で重要な意味を持っているようです。「アベル」は「はかない息」とか、「空しい」「無意味だ」という意味です。その意味では、アベルは人間の代表と考えることもできます。わたしたちは本来、みな土の塵から造られた、「空しくてはかない」アベルのような存在であり、神に対しては罪人だからです。しかし神は、そのようなはかない存在を深く御心にかけてくださいます。アベルは体力的にもひ弱だったのかもしれません。彼の人生は、殺されるために生まれてきたような果敢ないものであったと示唆されています。そして、神はそのような「無きに等しい者」を、あるいは、そのような者を他よりも先に目に留め、深く慈しまれます(一コリ一・二八参照)。御心ならば、次にはカインをも顧みてくださるかもしれません(これはわたしたちとしては言える立場ではありませんが)。神は世界のすべての者たちを、それぞれに、最もふさわしい仕方で憐れまれます。ただ、そこには神の深い英知と救いの御計画があり、初めに当初はエジプトにおける奴隷で、「他のどの民よりも貧弱であった」(申七・七)イスラエルが救われ、そのあとで異邦人が救われます。その意味で、アベルが選ばれたことには、一定の聖書的な意味があります。「先にいる者が後になる」(マタ二〇・一六)のです。聖書ではこの「逆転」が神の自由な憐れみのしるしとしてしばしば描かれています。カインとアベル、サウルとダビデ、ファリサイ人と徴税人、放蕩息子の兄と弟、ユダヤ人と異邦人など、枚挙にいとまがありません。このことが、時にあたかも「不公平」に「見える」のは、おごり高ぶる人間の目にはそう見えるだけです。

(3)カインは決して初めから獣のような存在として造られていたのではないのです。聖書には、「喜ぶ者と共に喜び、泣く者と共に泣きなさい」(ロマ一二・一五)とあります。もしカインが自分の立場というものをきちんと弁えていたなら、彼は弟思いの兄として、長い間日陰にいたアベルが神に顧みられたのを見て、わが事のように「良かったね」と喜ぶこともできたはずです。「わたしとあなたとは兄弟ではないか……争うのは止めよう」(創一三・八、私訳)と言うこともできたはずです。かくして、「見よ、兄弟が共に座っている。なんという恵み、なんという喜び」(詩一三三・一)といった事態が起こることもあり得たはずです。しかし、まさにそれが起こらなかったところに、人間が責任を負うべき「原罪」の事実があります。

カインは怒り心頭に達し、目を伏せました。人は怒ったとき、常に自分は正しく、相手は間違っていると考えます。神よりも、自分の善悪の判断こそ正しいと考え、顔を地に伏せました。主はそのようなカインに対して、「どうして顔を伏せるのか。もしお前が正しいのなら、顔を上げなさい。正しくないなら、罪が戸口で待ち伏せており、お前を求める。お前はそれを支配せねばならない」と言われます。これはあくまでも、ただ一人正しいお方の、カイン（カイン的人類一般）に対する警告の言葉です。

「罪が野獣のように待ち伏せしている」の「待ち伏せし、襲い掛かる罪」という表象は、実に意味深長です。一度罪を犯した人間には、いつもこの「待ち伏せする罪」が付きまとい、それを制圧しなければなりません。ロシアの作家ドストエフスキーは、「人の心は戦場であって、いつも神と悪魔が戦っている」という有名な言葉を残しています。弟アベルの幸いを喜ぶ、天使のような心は、どんな悪人にも必ずあるはずで、終わりの日には、神は「ない」とは言わせないのです（ロマ一・二〇、二・一参照）。しかし、その反面、人間にはサタンの誘いを喜ぶ心もあって、他人の幸福を喜べず、むしろ不幸を喜び、隣人を「馬鹿者」呼ばわりし、他人が惨めであればあるほど嬉しくなる心もあります。

カインは罪の誘惑に勝てず、怒りの感情に身をゆだねます。彼の意志が弱かったからではなく（彼は意志の強い人間です）、自分が神よりも正しいと考えた「原罪」のゆえです。

(4)カインは弟を野原で殺し、死体を地の中に埋めます。しかし、罪を犯したその彼に、神がすぐにお尋ねになるのです。「お前の弟アベルは、どこにいるのか」。カインの答えはふるっています。「知りません。わたしは弟の番人でしょうか」。この「番人」という言葉は、「世話をする者」「見守る者」、また「牧者」という意味です。アベルは羊飼いですから、カインの答えは、「わたしは牧者の牧者となるべきなのでしょうか」という皮肉を込めています。しかし神は、誰もが隣人の牧者となるべきことを、人類一人ひとりに求めておられます。

神の要求を退けるカインに対して、主は言われます。「お前の弟の血が、土の中からわたしに向かって叫んでいるのだ」。殺された者の血が地の底から神に向かって叫ぶ。この言葉は大変不気味ですが、この「血が叫ぶ」という言葉こそ、著者が彼の時代のみならず、人類の歴史全体を振り返りながら、冒頭に引用したイーヴァントの言葉のように、人類同士が互いに愛し合えず、和解できないことの不都合さ、不気味さ、暗さ、そして苦しみと呻きを、さらには、その血がやがて滔々たる大河となり、その両岸に建てられた国家同士が戦争で殺し合い、累々たる死体がその河に浮かんで流れる歴史の悲惨さを、訴えている言葉なのではないでしょうか。歴史（saecrum）は循環しているとはいえ、それは血に染まっていて、その血が天に向かって叫んでいます。特にわたしは、「血」という言葉がここを起点として、これから聖書全体の記述を貫くようになることに、注目したいと考えます。

(5)さて、カインはこのようにして、「呪われる者」となりました。彼はもう、自分の故郷には住めません。住み慣れた家と故郷を追い出され、さすらいの人となります。一三節を見ますと、カインは自分の苦しさを主に訴えます。「わたしの罪は重すぎて負い切れません」。「わたしに出会う者は誰でも、わたしを殺すでしょう」。当時、殺人などの罪で追放された人は、どこで誰に殺されてもおかしくなかったのです。カインは自分の罪を素直に悔い改めたわけではなく、受けた罰の重さに呻き、助けを求めているだけです。それでも神は、カインが殺され、さらに新しい血が流されないよう、彼を守ると宣言されます。カインに与えられたしるしが何であったかはともかく、その意味は明らかです。神は彼を守り、その命をご自身の保護の下に置き、この世を無制限な悪の支配から守られたのです（「地の国」の建設の意義は、ここにあります）。カインは、「わたしは番人の番人ではない」と言いました。しかし、神はその彼を復讐の恐怖から守るために、彼の番を為さると宣言されました。このことは、神が地上に平和を望まれ、これ以上の殺戮や復讐の連鎖が起こることを忌み嫌われたと同時に、カインのような人間をも守ると宣言されたことを意味します。

(6)一六節によれば、カインはエデンの東「ノド」という地に行って住んだとあります。「ノド」の意味は「さすらい」です。つまり、彼は地上のどこへ行っても安住の地がない「さすらいの人」となるのです。兄弟喪失者は、故郷喪失者となりました。人類は、天のふるさとを追い出され、地上をさすらわなければなりません。思い出されますのは、主がまだ地上を歩いておられたころ、あるところで、「狐には穴があり、空の鳥には巣がある。だが、人の子には枕するところもない」と言われたことです（ルカ九・五八）。主はご自身、伝道のために地上をさすらわれる旅路の中で、カインのような人のことを念頭に置いて語られたのでしょう。いずれにしろ、この「さすらいの旅人」が原罪を負う人間だと著者は言っています。

(7)さて、ヘブライ人への手紙一二章二四節は、カインが流したアベルの血――そして、今も大地の中から神に向かって呪いと復讐を叫んでいるアベルの血よりも、主が十字架上で流され、同じようにこの大地に注ぎ込まれた神の子の血の方が、遥かに力強いと述べています。世界史は復讐がさらに復讐を求める叫び声で満ちていて、血が血を呼んでいます。しかし、それを打ち負かすものが、キリストの十字架の血です。主イエス・キリストの十字架の血もまた、大地に注がれました。この血だけが、「わたしたちは主の食卓（聖餐のこと〔引用者〕）なしには、永らえることができない」とアビシニアの殉教者たちが言ったように、罪人たちの望みです。そうであればこそ、旧約の人々は、このただ一人のお方が来られるのを待ち望みました。あの、サタンの頭を打ち砕いてくださるお方（創三・一五参照）、わたしたちの良き羊飼いとなってくださるお方、世の光となってくださるお方を、待ち望んでいました。聖書はこれから諄々と、そのことを述べようとしています。

主の御名を呼び始めた人々（創四・一七―二六）

アベルを殺したカイン以来、人類史の大きな流れは、このテキストの最後近く（二三節と二四節）に「レメクの歌」が書かれていることから、罪の嵩がますます増大する激しい濁流のような流れであると言えます。次のような歌です。「さて、レメクは妻に言った。／『アダとツィらよ、わが声を聞け。／レメクの妻たちよ、わが言葉に耳を傾けよ。／わたしは傷の報いに男を殺し／打ち傷の報いに若者を殺す。／カインのための復讐が七倍なら／レメクのためには七十七倍』」。

この歌はヘブライ語で書かれた最古の歌の一つですが、復讐を賛美する歌です。そして、カインからレメクまでの六代の世俗史の本質が何であったかを端的に示しています。まさに、有島武郎が描いた『カインの末裔』という小説そっくりです。

しかしながら、カインとは別の系統として、アダムとエバは第三子セトを生みます。死んだアベルの代わりに、神はセトを「授けて」くれたと書いてあります（創四・二五）。そして、セトとその子エノシュが生まれて、「この時、人々は主の名を呼び始めた」（口語訳）とあります。前後の脈絡もなく突然出てきた聖句ですが、大変印象深く、著者にとって、明らかに重要な一句であったに相違ありません。「主の御名を呼ぶ」とは、主なる神、すなわち、天地の創り主ヤーウェに祈り、礼拝するという意味です。ヤーウィストは初めから世界史的視野で物語っています（創二・一〇―一四など参照）。したがってここに、著者の意図としては、「世俗史」とは異なる「救済史」が神によって措定された（「セト」には、後述の通り、「基礎を置く（put, set）」という意味があります）と言って差し支えないものを読み取ることができます。[53]

(1)救済史の語り出しは、極めてひっそりとした、物静かな口調で、非常に控えめです。人数的にも、たった二人（セトとエノシュ）しかいません。しかしながら、これが主の名を呼ぶ人々の系列であるとすれば、幾つかの系図同士（四・一七以下、四・二五以下、五・三以下、一〇・一以下、一一・一〇以下など）が大変錯綜してはいますが、よく読めば、エノシュの子孫から神と共に歩んだエノクが生まれ（創五・二三）、エノクから慰めの人ノアが生まれ（同五・二九）、ノアから信仰の人アブラハムが生まれ（同一二・一以下）、そして、主イエス・キリストのご降誕を経て（マタ一・二）今日の教会につながっている一本の明確で太い線をたどることは、聖書記者の意図に沿うものでしょう。

ただし、聖書記者の意図から言えば、決して人類には二種類の系統があって、ある人々は運命的にカインやレメクの末裔で、利己的で暴力と争いを好む救いようのない人種であり、他の人々は神を敬う人種であると言っているのではありません。むしろ、一人の人間、または一つの種族や一つの民族、一つの人類の中に常に二種類の相争うダイナミズムが働いていて、闘争と復讐を好む心と主の御名を呼んで助けを求める心がいつも争っていると言うべきでしょう。

ともあれ、聖書が原初史の中で、既にこのような、世俗史の真っただ中で（神の名を呼ぶという形の）救済史が設定されたことを語っていることは、大変示唆的です。

(2)では、カインからレメクまでの世俗史とは、どのような歴史なのでしょうか。

殺人者カインの系図は、何といっても圧倒的に大きな流れを形成しています。カインは都市を建設し、やがてその子孫が全世界に散らばってたくさんの国々や都市国家や帝国を築き、革命や内乱やテロを起こし、血で血を洗うような戦争をしてきました。それこそが人類の歴史（世俗史）そのものだと言って差し支えありません。

カインについては、「カインは主の前を去り、エデンの東、ノドの地に住んだ」（創四・一六）の御言葉がすべてを語り尽くしています。彼は弟アベルを殺したのち、「主の前を去った」人です。常に孤独と不安におびえていた彼は、さすらいの末、「ノド（さすらい）」という名の地に最初の町を建てました（創四・一七）[54]。

その子孫レメクの長男ヤバルは食糧生産を支える畜産に従事し、次男ユバルは音楽や芸術や文化の先祖となり、その異母兄弟トバル・カインは鍛冶屋の先祖となります（創四・二〇―二二）。武器だけでなく、鍋もお釜も造ります。今日で言えば、工業です。つまり、都市の生活は食糧生産と芸術・文化と工業で成り立っていると言っているようです。

しかし、神を忘れた人間の都市生活には、非常に深い問題性があります。貧富の差、格差、無関心と孤独、堕落と犯罪、暴力と殺戮、などです。そしてその根底には何があるかを、聖書は鋭くえぐり出しています。それが、二三節以下のレメクの復讐の歌です（冒頭参照）。

古代の「ハンムラビ法典」（紀元前一七世紀）では、「目には目を、歯には歯を」といういわゆる「同害報復法」が定められていましたが、申すまでもなく、この法は「目を奪われても、相手の目を奪う以上のことをしてはならない」という、復讐を制限する法です。しかしレメクは、傷つけられただけで相手を殺し、一族の誰かが殺されたら七十七倍の復讐をすると公言しています（創四・一五参照）。他人を恐れさせて服従させる最良の方法は、必ず復讐をすることです。レメクは誰からも恐れられる人間として名を挙げたいと考えています（創一一・四参照）。「権力を握りたい」という強い渇望です。哲学者ニーチェによれば、人間を根源的に衝き動かしている衝動は食欲・性欲よりも（つまり、「労働」や「結婚」という「個体保存」と「種の保存」に関わる事柄よりも）、むしろ、「力への渇望」（Wille zur Macht）であると述べました。そのためには和解ではなく復讐が必要だと、レメク的な人間は考えます。

神を捨てる時、人間が作る都市生活の根底には何があるかを聖書はこの「レメクの歌」によって表し、同時に、「世俗史」の本質を示しているようです。それはわたしたちの日本社会についても言えます。社会学者のマックス・ホルクハイマーは、「なぜ人類は、啓蒙的理性の活用によって真に人間らしい状態に入ることができないどころか、かえって一種の野蛮状態に陥るのか」という問いと真摯に向き合い、世に言う「フランクフルト学派」を生みました(55)。その理由は、カインからメレクに至る系図を考えれば明らかです。結局、孤独と不安からは、必ず他者への敵愾心が生まれ、力への渇望が生じ、集団は排他的となります。社会学者ジョック・ヤングが預言した通り、現代社会は必ず「包摂型社会」から「排除型社会」へと移行します[56]。新宿や大久保で行われている「ヘイト・スピーチ」が、そのよい例です。神が人類を創造したことを「後悔し、心を痛められた」（創六・六）理由が、よく分かります。

そしてここに、われわれが信仰の目をもって見るならば、まさに、神の子たちの出現を待ち望む「被造物のうめき」（ロマ八・二二）があると言えるのではないでしょうか。

(3)他方、二五節以下にはセトの系図があります。「セト」という名前には注釈がついています。「カインがアベルを殺したので、神が彼に代わる子を授け（シャト）られたからである」（同四・二五）。セトはあの日陰者で薄幸の、兄に殺されるために生まれてきたようなアベルの生まれ変わりとも言えそうです。両親は喜んだでしょう、「授かり子」と命名したのです。この「シャト」（授ける）には、もう一つ重要な意味があります。「基礎を置く」という意味です。セトは神が人類に、アベルの代わりに置いた新しい基礎であるという意味が含まれているようです。ここに、神の選びが起こり、神によって、「救済史」の基礎が置かれたというメッセージを読み取ることが可能です。

「エノシュ」の名前にも意味がありそうです。「エノシュ」は、一般名詞として用いられる場合には、「アダム」と同じく、「人間」という意味です。ただし、「アダム」とは違い、「エノシュ」はか弱い存在としての人間、土の塵で造られ、いずれは壊れて土に帰る人間という面を強調する場合に使います。詩編八編五節の、「あなたが御心に留めてくださるとは／人間は何ものなのでしょう」の「人間」も、同じ「エノシュ」です。この詩編八編は、戦場で、夜のしじまに星を見ながら作られた詩だと言われます[57]。大宇宙の中で、人間という存在は銀河系の中の太陽系の中の一つの「地球」という小さな惑星に、ようやく最近住むようになったまことに小さな微生物です。「あしたにもえでて、栄えるが、／夕べには、しおれて枯れる」（詩九〇・五―六、口語訳）のです。詩編八編の作者もまた、明日死ぬかもしれないという状況の中で、全知全能の神が塵あくたにしか過ぎない人間（エノシュ）を深く心にかけて顧みていてくださることを想い、そのあまりの不思議さを「人間とは何ものなのでしょう」と詩情豊かに謳っています。そのセトとエノシュの時代に、人々は神の名を呼び始めたのです。

一方では神を捨てて憎み争い、復讐に復讐を重ねる濁流のような「世俗史」の流れがあります。しかしその傍らに、神の名を呼び求める一群の人々が神によって静かに措定されました。その人々は、神の基礎づけに呼応して、やがて自分たちも「主の名を呼ぶこと」、すなわち、神礼拝を生活の基礎に置くようになります。つまり、神に背くのではなく、神と和解し、罪の赦しをいただき、その御名を呼び求める人々を、神は我々人類史の中に設けられ、「救済史」の基礎を置かれたと聖書記者は言おうとしているようです。神はやがて和解の基礎であるイエス・キリストの十字架を地上にお立てになります。そして、「新しい契約の仲介者イエス、そして、アベルの血よりも立派に語る注がれた血」（ヘブ一二・二四）がこの大地の中に注がれ、「天に向かって叫ぶアベルの血」（創四・一〇）の叫びを「和解」と「和らぎ」へと導かれます。そのために、キリストの十字架に直結する祭壇を築く人々が、歴史の中に措定されたのです。

その意味におきまして、「被造物も、いつか滅びへの隷属から解放されて、神の子供たちの栄光に輝く自由にあずかれる」（ロマ八・二一）希望は、教会の中から起こります。なぜなら、教会はキリストというただ一つの光、希望を映し出す「山の上の町」「燭台の上のともしび」（マタ五・一四、一五）となるからです。

(c)アブラハムの出立

最後にわたしたちは、アブラハムの出立について述べて、本書の叙述を終えたいと思います。

「原歴史」のほぼ最後に、バベルの塔の記事があります。この章の後半はセムの系図とアブラハムの父テラの系図があるだけですから、この記事が原初史の最後と言えます。すると、原初史の最後は、全地を征服し、名を挙げようとしておごり高ぶった人々が神によって裁かれ、建てようとしていた塔がガラガラと、耳をつんざくような不気味な不協和音を立てて崩れ落ちることによって、突如として打ち切られています（その後の系図は「エピローグ」のようなものです）。これは、今までの原初史の語り口とは全く違っています。他の物語では、人間の思い上がりはいずれも神によって裁かれてはいますが、その中に「忍耐と寛容の神」の憐れみもかすかに見えていたからです。もっとも、人間の罪に対する神の裁きは次第に厳しくなってきてはいました。アダムとエバの堕落に対する刑罰よりも、兄弟殺しのカインに対する刑罰の方が遥かに重く、ノアの洪水に至っては、ほぼ全人類の滅びを意味する事件でした。しかし、神はいつも他方で、必ず赦しの恵みを用意しておられます。アダムとエバには皮の毛衣が着せられ、カインの命は保護され、ノアの洪水の後には虹の契約が結ばれました。神の裁きは、常に赦しと慈愛を伴っていました。ただバベルの塔の話だけは、例外です。救いについては一言も語られていません。そして、人々は「全地に散らされた」のです。聖書の「序文」とも言うべき「原初史」の最後の言葉は、仮借のない裁きでした。

いったい、神の救いはどこにあるのでしょうか。

その答えが、実は一二章のアブラハムの召命の記事から始まります。ここから聖書の「本文」が始まっています。既に有史の時代に入っていて、考古学の発掘の対象ともなっています。神はテラの子アブラハムを選び、祝福し、彼を「祝福の源」としました（創一二・三）。聖書の「本文」の最初の言葉は、祝福の言葉です。「地上の氏族はすべて、あなたによって祝福に入る」。しかもそれは、まさに世界史を大きく転換させるような決定的な出来事でした。なぜなら、創世記の三章から一一章までで、「呪い」という言葉が五回出てきます（三・一三、一七、四・一一、五・二九、八・二一）。それに対して、アブラハムの召命の記事では、「祝福」という言葉がわずか三節の間に同じく五回出てきます。それまでは、人類が神に背いてひたすら下降線を辿ってきましたが、アブラハムの選びと出立によって、それが上昇線に転じています。それが、神の恵みを無条件に信ずる信仰と服従の結果、一つの出来事としてこの世界の中で起こったからです。

やがてこのアブラハムの子孫から神の子キリストが生まれ、空の無数の星のように多くの人々が集う教会が生まれます。

主はある時、突然アブラハムに言われました。「あなたは生まれ故郷／父の家を離れて／わたしが示す地に行きなさい」。アブラハムはこの招きの言葉に従い、行く先を知らずに出立しました（創一二・一―三）。

(1)最も重要な御言葉は、何といっても、最初の「神は語った」でしょう。

他に書かれていることはすべて忘れて、「主は言われた」というこの御言葉だけを考えて見ると、これがいかに重大な御言葉であるかにすぐに気付きます。「ある時、主は言われた」。一人の人が御言葉に従い、出立した。そこから、歴史の方向が下降から上昇に転じ、呪いが祝福へと変わったからです。

アブラハムはどのようにして、神の言葉を聞いたのでしょうか。神が語ったといっても、必ずしも、神の御声が天から聞こえてきたわけではありますまい。聖書では、夢は神が語る重要な手段の一つと考えられていました。し、他にもいろいろな手段があったはずです。哲学者の森有正は、しばしばアブラハムが神の召しに従い、「行く先を知らず」に出ていった時の心境を、講演などでノン・クリスチャンや大学生を相手に非常に丁寧に、数十頁にわたって説明しています。それを要約すれば、アブラハムは単なる「冒険」をしたのではなく、神の前にただ一人で立ってその深い「内的な促し」に従ったという意味の説明をしています[58]。キリスト者が相手なら、「聖霊の導きに従った」と言って簡単に済ませたところでしょうが、一般人に語る時には、相当丁寧に説明しなければ分かりません。しかし結論的に言えば、神は御言葉と御霊によって、わたしたち人間の心の最も奥深いところに働きかけ、導いてくださったというより他になさそうです。ともあれ、すべての意義深く、重要な出来事は、この世的な計算や打算からは起こりません。もっとはるかに深い、自分の魂の最も奥深くの御霊による「促し」、自分を越えた神の「導き」に従う形で起こります。そこで働かれるのは、神の御言葉と御霊です。それをわたしたちが神の招きとして聴くか、騒がしい雑音として打ち消すかは別として、神の招きというものは、確かにあるのです。

(2)それは神の恵みを信ずる信仰による出立でした。

なぜなら、アブラハムにとって確かで明瞭なことが一つだけありました。それは、この召命が神の祝福であったということです。一節から三節までの間に、「祝福」という言葉が五回もあることから明らかです。

神が語って、人間が従えるのは、それがこちらのことをよく考えた恵みであると分かった時です。決してアッラーのような権力者の言葉ではなく、自分を本当に愛してくれる方の一言だと分かった時です。神が語る時にはいつも恵みである、なぜなら神は恵み深いからだと言えるのは、ただ信仰によってです。そしてその信仰は、人間の中に神の御霊が創ってくださるのです。御霊は自由を与えるからです（二コリ三・一七）。

アブラハムはしばしば、信仰の勇者だと言われます。しかし、模範的信仰とは、一言も文句を言わないで従ったという意味ではありません。彼は服従の勇者ではないのです。彼の信仰は、イスラーム的なアッラーの神への「絶対服従」ではなく、服従の前に常に神信頼があります。だから、アブラハムだけが信仰（信頼）の勇者ではなく、わたしたちも同じ信仰に立てます。

アブラハムの召命の話の主題は、信仰とは、神が創ってくださるものだということに尽きます。神が創ってくださるものなら、自分で何とかしようと思っても、どうにもなるものでもありません。むしろ反対に、自分のようなつまらない者を、神は恵みによって選び、いささかなりとも神を求める気持ちを与えてくださったと知って、初めてわたしたちは、信仰に一歩近づくことができます。

それならば、神が語る語り方は、どのような語り方だったのでしょうか。乱暴に、強権を振り回し、独裁者のように語ったので、反抗できないから仕方なしに従ったということでしょうか。それなら本当の意味で従うことではありませんし、この世界で本当の意味で新しいことは、そこからは、何一つ起こらなかったでしょう。

その意味で、『新共同訳聖書』の第一節の訳し方には問題があります。やはり、『口語訳聖書』の三重の招きの訳し方が正しいでしょう。「あなたは、あなたの国を出て、親族に別れ、父の家を離れ、わたしが示す地に行きなさい」、です。「あなたの国」「あなたの親族」そして「あなたの父の家」ですから、三重の招きで、これが原文通りです。[59]言っていることの内容は、「あなたは生まれ故郷／父の家を離れて／わたしが示す地に行きなさい」（新共同訳）と結局同じだとしても、「国を出なさい」だけでは、アブラハムは困惑するだけです。それではこの問題はどうなるのか、あの問題は大丈夫か。「国を出るなら、今まで仲良く付き合ってきた親族はどうなるのだろう」。「親族とはきっぱり分かれなさい」。「では、自分が受け継ぐべき父の財産はどうなるのか」。「それもあきらめなさい」。迷いがないはずはありません。しかしその度に、神はねんごろに語られて、まるで念を押すように、三重の語り方になっているのではないでしょうか。神がわたしに語られたということは、こちら側のことは何も考えず語られたのではないのです。だから、権力者が絶対服従を要求する語り方とは違うのです。

なお、アブラハムの場合に明確なように、「わたしはあなたを祝福する」ということと、「あなたは祝福の源となる。全世界の人々は、あなたを通して祝福に入る」と、この二つはほぼ同じ比重で語られています。神が彼と共におられ、彼に御顔を向け、恵みと平安を与えられる。そして、自分が祝福を受けるだけでなく、彼が祝福を受ける「最初の人」として立ち、彼を通して全世界の人々が祝福を受ける。最初の「神の子の出現」（ロマ八・一九）という世界史的な出来事が、このようにして起こりました。

ですから、アブラハムの出立は、自由な、自発的な、最も内面の意志から出た出立でした。人間は神に従う時は、いつも自由で自発的な、信仰による服従です。その時には、この世に全く新しい出来事、有史以来、今まで一度も起こったことのない出来事、すなわち、「行く先を知らずに出ていく」という出来事が起こります。「ここから出立しなさい、わたしが共にいるから」との御声が聞こえるからです。

(3)それはただ、行く先を知らない、信仰のみによる出立でした。

現実的に考えますと、旧約時代では、神の「祝福」とは土地が与えられ、子孫が繁栄することです。一方、この時のアブラハムの状況を考えますと、その時彼は既に七五歳であったのに、子供はなく、妻は不妊の女です。土地はと言えば、故郷を捨てた人に土地はありません。父の財産もほとんど棄て、行く先も知らずに出立するのです。彼が約束の子イサクを得るのは、ようやく二五年後です(創二一・二)。土地を得るのはもっと後で、彼は寄留地のベエル・シェバでアビメレクからようやく自分の井戸を掘る許可を得た時、嬉しさのあまり、そこに一本のぎょりゅうの木を植え、「永遠の神、主の御名を呼んだ」(同二一・三三)と書かれています。よほどのことだったのです。真の意味での約束の子イエスのご降誕は、それから二〇〇〇年後のことです。神の約束は、随分と待たなければなりません。彼は生前は「約束されたものを手に入れませんでしたが、はるかにそれを見て喜びの声をあげ」(ヘブ一一・一三)たのです。

その意味で、彼にはただ、神の恵みを信ずることしかありません。何一つ人間的な保証はありません。それでも、アブラハムは神に信頼したから、従ったのです。それはまさに、御言葉と共にある、神の御霊の働き以外の何ものでもありません。そして、まさにそのことによって、彼は「祝福の源」となったのです。つまり、ここに聖書の「信仰」の神髄が示されています。

ですから、イスラエルの人たちは、自分たちの信仰が堕落したときには、いつも、ここを読み返し、アブラハムの出立はどうだったのかと思い返して立ち直ったと言われます。

ある人が、「これはちょうど、暁の光景を見ているようだ」と言っています。暁は、太陽が現れる大分前の時間です。暫くしてから、ようやく薄暗い中から東の空が白み始めます。やがて山の稜線が見え始め、あちこちに家や風景が薄ぼんやりと輪郭を現し始めます。ああ、あそこにも家があった、ここにもあった、と。やがて、広い現実の世界が姿を現すのです。

わたしたちの日本の教会の状況も、これとよく似ています。わたしたちは、信仰において、このアブラハムの子孫です。少数ながら、「祝福の源」として生きるという使命を与えられています。つまり、一人ひとりが、一つひとつの教会が、信仰によって、それぞれが神の祝福の「最初の位置」に立ち、出立をするのです。

⑷アブラハムの時から数えれば、福音は人類の有史以来四〇〇〇年間語り続けられてきたことになります。その福音は、この四〇〇〇年の歴史の中で考えれば、そのユダヤ教的・律法主義的な形態においてよりも、また、イスラーム教的・絶対服従的な形態においてよりも、御父から生まれた御子イエス・キリストが実現し、御父および御子と共に禮拝される御霊なる神（「ニカイア・コンスタンティノポリス信条」！）が内的に働いて信仰を実現する「和解の福音」の形態においてこそ、罪深い人びとの心をも捕え得るのではないでしょうか。その意味において、同じ唯一神教といっても、真の「和解の福音」はキリスト教にしかありません。なぜなら、父・子・聖霊の神のみが、人間の深みをも救い得、世界の「和解」を成し遂げ得るからです。

わたしたちは、既にイエス・キリストが死より甦り、天に昇って神の右に坐しておられることを知っています。そして、主の再臨を喜んで信じています。それゆえに、「あなたがたには世で苦難がある。しかし、勇気を出しなさい。わたしは既に世に勝っている」（ヨハ一六・三三）という主の御言葉を信じることができます。まことに、「世に打ち勝つ勝利、それはわたしたちの信仰です。だれが世に打ち勝つか。イエスが神の子であると信じる者ではありませんか」（一ヨハ五・四―五）とある通りです。

最後にわたしは、蛇足だとは思いますが、わたしが神学校時代に、授業で恩師熊野義孝先生から一たびならずお聞きした、「クリストフォロス」の伝説をご紹介して、本書を閉じたいと考えます。

クリストフォロス（Christophoros）はおそらくデキウス帝（二四九―五一）の大迫害時代に、殉教したキリスト者の一人です。カトリック教会ではいわゆる「一四救難聖人」の一人とされています。その名前は、「キリスト（Christos）を運ぶ者（phoros）」という意味ですから、わたしたちキリスト者、特に伝道者は皆、ある意味で「クリストフォロス」です。

伝説では、彼は怪力無双の大男で、幼いときから世界で一番強い人の弟子になりたいと考えていました。彼の住んでいる村のはずれに鍛冶屋があり、毎日熱い火で真っ赤な鉄を鎚とハンマーで鋳ている有様を見て、鍛冶屋が世界で最も強い男と思い、弟子入りをします。ところがある時、その村に王様の僥倖があり、王様が路を通ると、村中の人々が――もちろん鍛冶屋もそうです――王様の前にひれ伏して拝んだのを見て、王様が一番強いと思い、クリストフォロスはその家来となります。とんとん拍子に出世し、王の側近としてその寝室の傍らで寝泊まりをするまでになりました。しかしある夜、王が夢の中でサタンにさんざんに苦しめられ、うなされている声を聞き、サタンこそこの世で最も偉いのだと考え、サタンの弟子入りをします。そして、サタンの一番弟子のような顔をしてその後ろについて歩いていると、サタンがキリストの十字架を見て慌てて逃げ出したのを見て、最後に、キリストこそこの世界で最も偉い「王の王、主の主」だと知って、キリスト者となるわけです。

それ以来、彼は毎日愛の業に励みながら、一目でもよいから、自分がこれほどまでに愛し、慕っている「王の王、主の主」キリストの御顔を見たいと願うようになります。彼はやがて老人となり、とある河の渡し守となって生計を立てる日々を送ります。

その日は激しい嵐でした。渡し守も開店休業せざるを得ず、彼は小屋の中で寝ていました。すると、誰かが激しく小屋の戸を叩きます。あけて見ると、一人の小さな童が彼に向かって、「向う岸へ渡せ！」「向う岸へ渡せ！」と、威厳に満ちた口ぶりで命ずるのです。クリストフォロスはその気品のある姿となかなかの威厳ぶりに感心し、面白くなって、童を肩車に載せ、嵐の中、河を徒歩で歩いて渡ろうとします。ところが、渡り進むにつれて、童がだんだん肩に食い込みそうなほど重く感じられていきます。河の中ほどまで達すると、もう、その重さは全世界の重さよりもはるかに重くなり、さしもの怪力のクリストフォロスも、よほど童を放り出して逃げ出したくなるのです。しかし、その時、彼ははっと気付くのです。自分は、嵐と激流の中で、重くて耐えられないと思っているこの童を背負っているからこそ、激しい河の流れにも押し流されず、足をさらわれずに歩くことができるのだ、と。そのようにして、彼は向う岸にまでたどり着きます。そして、向う岸に着いて童を下し、対面した時に、その童が彼が一目お会いしたいと切に願っていたキリストご自身であることを知り、御顔を拝して喜びます。「わたしたちは、今は、鏡におぼろに映ったものを見ている。だがそのときには、顔と顔とを合わせて見ることになる」（一コリ一三・一二）という幸いを得て、息絶えたという話です。

わたしたちもまた、「王の王、主の主」であられるキリストを背負い、福音のまだ届いていない所にまで持ち運びます。その主は全世界よりも重い栄光の主です。主に守られているからこそ、世の荒波にも死の力にも勝ち、御国を目指せます。その恵みを深く思い、筆をおきます。

注

はじめに

（1）K・バルト（一八八六―一九六八）は「恵みの選びの教え」を「福音の総括」（"die Summe des Evangeliums", KD II/2, S. 1）と呼んで、主著『教会教義学』のごく初め（神論の後半）に置いています。なお、KDとは、K. Barth, Die kirchliche Dogmatik, Evangelishcer Verl. Zollikon-Zürich, 1932ff. の略号です。以後、この書物からの引用はこの略号と通常の略記法によって示します。

第1章

（1）ヴィルヘルム・ニーゼルもそのような見解です。W・ニーゼル『カルヴァンの神学』（渡辺信夫訳、新教出版社、一九六〇年）二四一頁など参照。バルトのカルヴァン評価もそれに近いものです。Vgl. KD II/2, 92f, 119 ua.

（2）本シリーズ第1巻第1章第2節第2項参照。

（3）マックス・ウェーバーがこの問題を社会学的観点から扱った名著 Max Weber, Die protestantische Ethik und der Geist des Kapitalismus, in: Ders., Gesammelte Aufsätze zur Religionssoziologie I, J. C. Mohr, 1920 を参照のこと（マックス・ウェーバー『プロテスタンティズムの倫理と資本主義の精神』〔中山元訳、日経BP社、二〇一〇年〕）。

（4）例えばカルヴァンの『キリスト教綱要』の第一版にどの程度までこのような傾向があったかは措くとして、後のカルヴァン派において根本教理のようにもてはやされ、極限まで強調されるようになったいわゆる「二重予定説」の教えは、しばしば「恐るべき決定」（decretum horribile）の教えとして恐怖されました。詩人のミルトンが「わたしはたとえ地獄に落ちようとも、このような神を尊敬することはできない」と語ったことは有名です（マックス・ウェーバー、前掲書、二〇三頁以下より引用）。

（5）神の不変性という概念は、明らかにギリシア哲学からユスティノスなどの初代キリスト教弁証家たちが無批判に受け入れた哲学的神概念であり、この概念を神に当てはめてしまうと、神は一旦お決めになったことを変える自由がないので、歴史的行為における神の自由は失われ、二重予定説が正当化されてしまいます。神の「不変生」(Unveränderlichkeit）という概念は、神の「真実」や神の「確固不動性（Beständigkait)」とは違って、聖書の神観と矛盾する概念です。例えば、創六・六、サム上一五・一一、ヨナ四・二などに記されている「悔やむ神」とは異なります。

（6）特にカルヴァンの流れを汲むいわゆる「改革派」の信仰では、「神の永遠のご意志」に基づいて（つまり、人間が存在したり、堕落したりするよりも前の、永遠の昔から）選びが起こり、それに基づいて天地創造が起こったとされます。ロマ九・一六に「従って、これは、人の意志や努力ではなく、神の憐れみによるものです」とあり、また、エフェ一・四に、「天地創造の前に、神はわたしたちを愛して、ご自分の前で聖なる者、汚れのない者にしようと、キリストにおいてお選びになりました」とある通りです。この考え方（いわゆる「堕落前予定説」）が、聖書の本来の主張です。

これに対して、ルターの流れを汲むルター派の信仰では、選びの信仰自身は決して否定されてはいませんが、「永遠の昔より」という聖書の御言葉を必ずしも時間的な表象の仕方で「創造以前」とは捉えず、むしろ、永遠の神の御言葉が「伝道の場で」語られるときに、選びがただ神の一方的な働きによって現実となるという点を強調します。時間的前後よりも、位階的上下の関係で捉えます。この場合、表象やイメージの仕方は多少異なりますが、改革派とルター派とに根本的な相違があるとは思われません。なぜなら、「天地創造の前から」といっても、あるいは「伝道の場で永遠の神が一方的に」といっても、ただ神の永遠の恵みの選びのみが一方的に働いて人間を救うという本質的な一点においては、全く変わりがないからです。わたしたちは神の永遠を被造的時間と同じように表象してもよいかどうか、誰も知りません。わたしたちの被造的時間は、ちょうど河の流れのように、未来から現在を経て過去に一方向的に流れ、過ぎ去れば元には戻りません。しかし、神は河の中におられるのではなく、岸辺におられるのであれば、いつでも過去に、また未来に、行き来することがおできになります。あらゆる時間に対して等距離であるかもしれず、また、神はいつでも河の中に飛び込んで溺れている人間をお救いになることもおできになります。このような神の「永遠」を表象するのに、「神は天地を創られるよりももっと前の、永遠の昔に、既に決断された」という「時間」の表象を用いるのが果たして唯一正しいかどうかは、誰にも分かりません。

メソジスト派の信仰もまた、ここで詳しく論じるいとまはありませんが、結論的に言えば、選びの信仰と少しも矛盾するものではありません（「聖公会大綱」第一一条、「メソジスト宗教箇条」第九条などを参照のこと）。したがって、概括的に言えば、人間の側の「功績」を完全に排し、「ただ信仰のみによる義認」の教義を信ずる一点において、プロテスタント教会の信仰は完全に一致しています。

（7）『ハイデルベルク信仰問答』問二一参照。

（8）したがって、神学はその救われる者に関する不可知論にもかかわらず、神について、救いについて、「明晰判明な」(clarà et distinct)（デカルト）認識を展開し得ることは、本文の叙述から明らかでしょう。他の学問がすべてそうであるように、神学も神の知識ではなく、人間の知識にしか過ぎません。なお、St. Thomas, ST I, Q 1 参照（トマスの『神学大全』(Summa Theologiae) は、以後、ST の略号と通常の略記法によって引用箇所を明示することにします）。ついでに言えば、黙七・四などに出てくる「十四万四千人」は文字通りに解するべきではなく、完全数（一二×一二×一〇〇〇人）ですので、神がご計画通り、完全な数の人々をお救いくださるということを述べているだけです。

（9）パウロが書簡で何度も使っている「キリストにあって」（エン・クリストー）という独特の言い回しの意味は、昔からさまざまに論ぜられ、研究されてきました。一時は新約学者ダイスマンなどにより「パウロの神秘主義」などと呼ばれたこともあります。『新共同訳聖書』では、多くの場合、「キリストに結ばれて」と適切に訳出されています。わたしたちはこの言葉を、一応、聖霊によってキリストと「一体」とされ、罪の支配領域から恵みの支配領域へと捕らえ移されている信仰者の存在を意味すると解釈します。エフェ一・四においては、創造以前のキリスト者の存在を言い表していますから、後でキリストに付け加えて選ばれるべきキリスト者の存在について述べていると解釈することができます。

（10）以上はよく知られておりますように、K・バルトの考え方です。K. Barth, KD II/2, 109, 124ff. uö. なお、バルトのエフェ一・四の当該聖句に関する釈義については、特に a.a.O., 651ff.

（11）本シリーズ第1巻第1章第2節第2項参照。

（12）以上で明らかとなりましたように、「神の自由な憐れみ」が執行される「神の聖定（decretum）」は、人間にとっては基本的には不可知であるという考え方は、イエス・キリストの出来事のゆえに、本来ならば、人間に深い

「畏れ」と同時に「感謝」と「讃美」と「希望」を呼び起こすものであり、決して「恐怖」や「不安」を呼び起こすものではありません。しかしながら、イエス・キリストの出来事を無視し、第三者的・客観的な思弁の立場に立とうとすると、たちまち大きな恐怖と不安に陥ります。

パウロを別とすれば、文字通り古代教会最大の神学者であるアウグスティヌスは、神の恩寵がすべてのすべてであるという深い信仰的・神学的信念に基づき、ペラギウス主義を予定説と原罪説をもって論駁しています。彼はほぼわたしたちが本文で叙述したものと同じ程度に徹底した不可知論を展開しています。また彼は、自分の予定説が必ずしも後の教会によって受け入れられず、中世カトリック教会がトマス的な「報酬的功績」の概念を全面的に受け入れてセミ・ペラギウス主義一色に傾くことを予見して、わざわざ「予定について」(De praedestinatione sanctorum)と「堅忍の賜物について」(De dono perseverantiae)の二著を著しています。このように、アウグスティヌス的な恩寵の概念を徹底して神学の中心的座標軸に置く思想が、結局は中世カトリシズムを素通りし、宗教改革者ルターによって受け継がれてプロテスタント教会の信仰の原型を形成している、と言っても少しも過言ではありません。

中世のスコラ神学者ドゥンス・スコトゥスは、神の無制約的・絶対的な自由を高調するあまり、人間の救いを神のほとんど盲目的といってもよいほどに気ままな自由に依る、としました。その限りにおいて、この神の自由は人間を限りない不安に陥れる暴君的な「恣意的自由」(liberum arbitrium)として表象されることになります。なにしろ、キリストの十字架すら、ただ神の至高の自由意志の「嘉納」(良しと認め、受け入れること)によってのみ、義と認められ、受け入れられ得るものとされましたので、人間の救いは、全く神の気まぐれな自由意志に完全に左右されることとなったわけです。救われた者でも、いつ滅ぼされるか分からないなら、平安はあり得ません(vgl. W. Betzendörfer, Artikel “Duns Scotus,” in RGG, 3.Aufl.)。後に、スコトゥス主義者オッカムのウィリアムの弟子、若きマルティン・ルターの精神をさいなみ、近世のプロテスタント宗教詩人アンゲルス・シレジウスの繊細な感性を不安におののかせたものも、このような考え方です。ルターがオッカムのウィリアムから学び、また、みずから痛切に体験したものは、このような意味での神の絶対的な自由の前で、人間の功績はあまりにも取るに足らず、救いの確かさなど生まれるべくもないという恐れとおののきでした。

しかし、マルティン・ルターは神の義について、詩編およびローマの信徒への手紙を深く研究した結果、キリストによって樹立された神の義が単に罪人を断罪する義であるだけでなく、より深い意味で、罪人を義とする義（罪人に神から無償で貸与される義）であることを知りました（エゼ三・三参照）。それに応じて、神の本質もまた、オッカムのウィリアムが述べたような、「隠れた神」であるだけでなく、同時に、イエス・キリストにおいてご自身を罪人に啓示し、罪人を無償の恵みによって義とする「啓示された神」でもあることを、溢れる喜びをもって知らされたのです（イザ四五・一五参照）。これが福音の再発見へと直結します。宗教改革は、ルターのこの「神の義の再発見」による救いの喜びから起こっていることはご承知の通りです。

　オッカムの「功績」の概念は、「合誼的功績」（meritum de congruo）と呼ばれるものであり、キリストの義さえ神が嘉納されて初めて有効な功績となるので、ほとんど完全にカトリック的な功績の概念を破壊しています。これに対して、トマスの場合には、神の全能は決してスコトゥスのように無制約的・恣意的なものではなく、むしろ、キリストの出来事によって秩序づけられたものですので（いわゆる potentia ordinata の考え方）、功績の概念も「等価的功績（または報酬的功績）」（meritum de condigno）となり、カトリック的な「功績」（meritum）の概念が成立します。したがって、自分が選ばれているかどうかという信者の不安は、自分の功績への自信と教会への帰属がある限り、あまり生じないで済みます（一六世紀のカトリック教会の義認論は、内容的に言えば、この意味で「行為義認」の考え方です）。その代わり、カトリック特有の功績の概念が残り、カトリックの一般信徒にとっては、救いの確信は常に「白」でも「黒」でもなく、「灰色」となります。カトリック教会の恩寵論の考え方は、大体このトマスの線であると言って差し支えありません。

　宗教改革は「功績」の概念を徹底的に廃しましたので、今度は、スコトゥスの予定論に潜む激しいジレンマをどのように克服するかが大きな問題となりました。マルティン・ルターは前述のように、イエス・キリストにおいて具体的に現れた神の義が宣べ伝えられた時に、それを受け容れて信ずる信仰によって義とされるという方向でこの問題を解決し、「ただ信仰のみによる義認」の教義を確立しました。ただし、まだ福音を聞いたことのない未信者の救いについては未知・未確定で、将来に向かって開かれた「伝道の場」に委ねられることになります。ルターの神学的後継者であるフィリップ・メランヒトンは、穏健な道を選び、予定論についてはほとんど沈黙しています。また、メランヒトンの穏健主義にならい、オレヴィアヌス、ウルジーヌスの二人の若い神学者によって著された『ハイデルベルク信仰問答』は、改革派教会の信仰問答でありながら、予定論を意識的に省き、論争を避けています。

これに対して、ジャン・カルヴァンは神の予定をスコトゥスやアウグスティヌス以上に強調し、「二重予定説」に至りました（ただしカルヴァンには、後の「カルヴィニズム」が考えるような極端な二重予定説は見られません。彼が強調しているのは、あくまでもわたしたちが言う「神学の第一公理」の表明としての神の聖定に関してだけです。また彼は、いたずらに他人が選ばれているか否かを判断することを自分にも他人にも戒めています。しかし、カルヴァンにおいては具体的なイエス・キリストにおける神の恵みの具体的聖定（エフェ一・三参照）の視点が決して鮮明には表明されていなかったため、救いの前歴史性・永遠的確定性は確保されたものの、恵みの特殊性・閉鎖性（二重予定）を結論せざるを得なかったと言えましょう。つまり、選ばれた人とは教会に来て生涯キリスト者として留まる人で、それ以外の、選ばれていない人には伝道をしても意味がないから伝道しなくても良いという誤解が生じかねなくなりました。このようなカルヴァン的二重予定説（より正確には、カルヴィニズム的二重予定説）に反対してアルミニウス主義が起こったことは、周知の通りです。福音派は多くの場合、アルミニウス主義を大幅に取り入れていますので、伝道の必要性は強調される代わりに、救いの確信と大いなる平安が欠けがちです。また、基本的には功績主義が残りますので、信仰生活、教会生活が不安定になります。

なお、これらの点については、拙著『カール・バルトの人間論』（日本基督教団出版局、一九七七年）一八四頁以下参照。

(13) 口語訳聖書では「奥義」と訳されていましたが、新共同訳聖書では「秘められた計画」と訳されています。キリスト者にはこの奥義が啓示されていると証しされています（マコ四・一一並行箇所、ロマ一六・二五、エフェ一・九、三・三、四、九、コロ一・二六、二・二など）。原語の「ミュステーリオン」を単に「奥義」と訳すと、隠され（ミュオー）、覆われたものが密かに知らされるという意味にしかなりません。この言葉は神の救済のご計画全体をその中味としますので、むしろ「秘められた計画」の方が適訳です。

(14) 言うまでもなく、恵みの選びが福音の「中核」であるという意味は、毎回の説教で語られなければならないという意味では全くありません。説教者がその使信を十分に理解し、説教の骨格に神の永遠の決意という動かない筋が一本通っている必要があるということです。そうすれば、長い間には必ず聖書を通し、「天」を愛するがゆえに「地」を愛する、強い信仰の信徒や教会が養われるでしょう。なお、「天」や「地」の意味については、本シリーズ

第1巻第1章第2節第2項を参照のこと。

(15) ルターが一五二一年、ヴォルムスの国会に召喚され、ドイツ皇帝カール五世の前で福音主義信仰を表明した際の言葉が、「我ここに立つ」(Ich stehe hier . . .) です。また、ルターの讃美歌「神はわがやぐら」(『讃美歌』二六七番) は、彼が幾度も宗教改革事業の難関に直面し、その度ごとに同僚のメランヒトンと語り合い、共に読んでは慰められた詩四六・二の、「神はわたしたちの避けどころ」から作られています。

(16) 日本基督教団宣教研究所編『信仰の手引き――日本基督教団信仰告白・十戒・主の祈りを学ぶ』(日本キリスト教団出版局、二〇一〇年) 問五六 (四七頁) 参照。

(17) プロテスタント教会のこのような「聖霊の内的証示」という考え方に対して、例えばローマ・カトリック教会の場合には、救いの確信の根拠はむしろ、教会であずかる洗礼その他の七つの「秘跡」(プロテスタント教会で言う「聖礼典」のこと) や準秘跡によって、次第に救いの確信が強められると考えられています。このようなカトリック教会の考え方の基本には、キリストの御からだなる教会自身が聖母マリアや諸聖人たちの「功績」の「蓄え」を持っているという考えがあります。個人としては天国へ行ける資格が不足している人でも、教会の秘跡を通して「功績」をいわば分譲してもらい、天国へ行けるようになるという考え方です。これを「諸聖人の通功」と申します。この考え方に基づき、日本にあるカトリック教会は長い間、「使徒信条」の中の"communio Sanctorum"(聖徒の交わり) という言葉を「諸聖人の通功」と訳してきました (カトリック教会の「使徒信条」の文語訳は長い間「諸聖人の通功」でしたが、二〇〇四年二月一八日に日本カトリック司教協議会が認可した口語訳では、「聖徒の交わり」という訳語が採られています)。このカトリック教会の考え方は、人は「功績」によって救われるという基本的な考え方の上に成り立っています。信仰心が篤くて敬虔な人、生まれつき心の清い人、教会生活の熱心な人、殉教した人などは天国へ行ける十分な功績があり、余った功績を教会の交わりの中で他の仲間にも分譲できるという考え方です。

カトリック教会のこのような考え方は、たとい分かりやすいものではあっても、神の次元と人間の次元とを著しく混同していると言わなければなりません。神のキリストにおける自由な憐れみの道筋は、「功績」の概念が入り込むことによって、決定的に曇らされてしまいます。

(18) 古今東西の偉大な神学者と見なされる人で、万人救済説を唱えた人は一人もいません。K・バルトの予定論は、しばしば万人救済説の嫌疑をかけられてきましたが、それは明白な誤解であり、彼自身も明確にこれを否定しています（vgl. KD II/2, 462ff.）。彼はただ、「すべての人が憐れまれ、救いへと入れられる可能性は、神の憐れみの絶対的自由の中では、最後まで確保されるべきだ」と言っているだけです。

（19）「神の伝道」（ミッシオ・デイ、missio Dei）の神学が犯した決定的な間違いはこの点を曇らせてしまったことです。「ミッシオ・デイ」につきましては、第2章注53および第3巻第1章注16参照。

（20）第1巻第1章第3節第1項の「神学の第三公理」参照。

（21）割礼の基本的な意味は本文に記した通りです。「文字ではなく、〝霊〟によって心に施された割礼こそ割礼なのです」（ロマ二・二九。なお、申一〇・一六、三〇・六、エレ四・四参照）とある通りです。「唇に割礼を受けていない者」という表現は「口下手」という意味でも使われますが（例えば、出六・三〇）、その根本的な意味は、イザヤが神殿で神の召命を受けた時に、セラフィムが祭壇から火ばさみを取って炭火を彼の口に触れさせたことによって「あなたの咎は取り去られ、罪は赦された」（イザ六・七）とありますように、「罪赦されて新しくされ、神の恵みに敏感になる」こと、「神を賛美できるようになる」ことにあります。そこから、神の恵みを力強く語り得る賜物という意味で使われていると理解されます。反対に、「頑なになる」（または重くなる）は、エジプト王ファラオについて用いられる場合には、単に「頑迷固陋になる」ですが、イスラエルが頑なになるという場合には、ほとんどの場合、「神の恵みに鈍感になる」という意味で使われています。

（22）この第五戒の意味については、『信仰の手引き』の「十戒の部」問二〇―二二（二二九頁以下）を参照のこと。

第2章

（1）「言は肉となって、わたしたちの間に宿られた」（ヨハ一・一四）という聖句によって表明される、御子イエス・キリストの受肉のことです（本シリーズ第1巻第1章第2節第3項参照）。

（2）「世界史の究極の意義は、救済史の成就にある」と表明されます（前掲書、第1章第3節第1項および本書第3章第1節第1項参照）。

（3）前掲書、第1章第2節第2項参照。

（4）「贖罪」とは、イエス・キリストによる罪の贖い（「贖い」の一般的な意味は、奴隷などを「買い戻すこと」）です。贖罪論の語義やそのさまざまな類型については、本文または近藤勝彦『贖罪論とその周辺――組織神学の根本問題2』（教文館、二〇一四年）をご参照ください。

（5）神と人間のイエス・キリストおよび御霊による交わりの回復のことを、コリントの信徒への手紙二、五章一八節以下に従って、「和解」と呼びます。ただし、特にこのように呼ばず、「和解論」と「贖罪論」を区別しない者もおり、「和解論」と「贖罪論」の関係については、神学者それぞれの贖罪論の立て方によって大きく異なります。ここでは、「福音」の中に神の国の成就まで含めて論じたいと考えておりますので、日本の教会で比較的通用するやり方に従って、「和解論」は「贖罪論」によって基礎づけられるが、それよりもやや広い、御霊の注ぎによる御国の完成までも含む考察であるという考え方を採ります。

（6）ちなみに、わたしが本シリーズ全巻で「神学的公理」と呼んでいる四つのものは、いずれもここから出てきているといっても決して過言ではありません。

（7）例えば、三浦綾子『氷点』など。

（8）『浅野順一著作集2』（創文社、一九八二年）二五九頁参照。

（9）Bauer & Arndt, A Greek-English Lexicon of the New Testament and Other Early Chiristian Literature, the University of Chicago Press, 4th ed., 1952, ad hoc.

（10）哲学者のM・ハイデッガーは主著『存在と時間』の中で、人間という存在を分析する中で、人間の「気分」（Stimmung）を重視しています。その「居心地の悪さ」の中に、「不安」という、この世で生活するすべての人間の根本的な「気分」があると述べ、それは死を自覚する良心の「呼び声」（Ruf）、「声」（Stimme）として響くという注目すべき実存分析を提供しています（vgl. M. Heidegger, Sein und Zeit, Max Niemeyer Verl. 1927, 270ff.）。

（11）ちなみに、預言者サムエルはまだ幼いころ、神殿に修行に預けられ、ある夜、神が「サムエルよ、サムエルよ」と彼に呼びかける声を聞きます。神の声をまだ一度も聞いたことのない幼な子サムエルは、急いで祭司エリのところに飛んでゆき、「エリ様、お呼びでしたか」と言います。エリは「わたしはお前を呼んでいない、行ってもう一度寝なさい」と答えますが、そういうことが三度あって、とうとう神に呼ばれたことを知ります。再度神に呼ばれた時のサムエルの言葉は、「主よ、お話しください。僕はここにおります（あるいは「僕は聞いております」）」です（サム上三・一〇）。サムエルは神の前で「わたしはここにおります」と答えることによって、自分の生涯を始めることができました。預言者イザヤも同じです。「わたしがここにおります。わたしをお遣わしください」と言って、新しい生涯を始めることができました（イザ六・一以下）。

(12)「ハームー・メーアィ・ロー」は直訳すれば、「わたしのはらわたは彼において打ちふるえる（または、鳴り響く）」となりますが、これがどのような感情表現であるかは釈義によって異なり、それによって訳語も違ってきます。文語訳では「我が腸かれの為に痛む」でしたが、口語訳では「わたしの心は彼をしたっている」とあり、新共同訳は「彼のゆえに、胸は高鳴り」、フランシスコ会訳は「わたしのはらわたは彼を切望し」となっています。今さに旧約預言の最高峰である「新しい契約」について語ろうとする（エレ三一・二七以下）直前の聖句であるだけに、積極的に「したっている」「切望する」と訳すべきか、中立的に「高鳴る」と訳すべきか、大いに迷うところですが、文語訳の「はらわた痛む」は「断腸の思い」という言葉を連想させ、エレミヤの根本思想ともよく合致する訳し方の一つであると思います。

(13)ある意味では、創三・一四以下の裁きの言葉は、むしろその中にある救済の言葉によって注目されます。「彼はお前の頭を砕き／お前は彼のかかとを砕く」という三・一五の御言葉です。ここで「女の子孫」とは誰かは、必ずしも自明ではありません。もちろん、全人類のことだという解釈も可能です。人類は皆、一生涯罪の誘惑と戦い、最後にサタンが敗れるという意味です。しかし、ヤーウィストの言葉には常に深い含蓄が隠されています。この「女の子孫」という言葉は単数なので、古来、一人の人のことと取る解釈も行われてきました（創一七・八とガラ三・一七を比較せよ）。例えば、二世紀に活躍した教会教父エイレナイオスは、この「女の子孫」とは主イエス・キリストのことであると説明しています。つまり、歴史の遠い将来に、人類の子孫として生まれるイエス・キリストとサタンとの死闘が繰り広げられ、キリストは蛇（サタン）の頭を砕く代わりに、蛇はイエスのかかとを砕く（十字架に掛ける）という解釈です。この解釈はそれ以来、教会で受け入れられるようになり、三・一五の御言葉は「原福音」（プロト・エウアンゲリオン）と呼ばれるようになりました。アダムはエバの罪の責任を取ろうとしませんでしたが、神の御子はわたしたちの責任を取り、サタンとの死闘の末、「呪いの死」を死なれたという解釈です。

(14)もちろん、単に人間にしかるべく刑罰が与えられ、神の怒りの感情のはけ口が見いだされ、ご満足いただければよいということではありません。神の怒りは罪人にではなく、罪そのものに対するものですから、神は単なる罪人の処刑を求めておられるのではありません。贖罪論の中のいわゆる「満足説」は、教会の中では受け入れられませんでした。

（15）神をも罪をも認めない仏教に強く影響された立場でキリスト教を解釈すれば、キリストは「ただの人」で十分であることになります。滝沢克己『仏教とキリスト教』（法藏館、一九六四年）、同『聖書のイエスと現代の思惟』（新教出版社、一九六五年）、Ders., Eine Frage an die Theologie Karl Barths und das Problem des hisotorischen Jesus. in:『九州大学年報　第二六輯』（一九六七年）などを参照のこと。

（16）アンセルムス『アンセルムス全集（全一巻）』（古田暁訳、聖文舎、一九八〇年）。

（17）前掲書、四九七頁。

（18）前掲書、四九九頁以下。

（19）『ルター著作集　第二集第一一巻（ガラテヤ書大講解・上）』（徳善義和訳、聖文舎、一九八五年）四一六頁。

（20）「御子を罪深い肉と同じ姿でこの世に送り、その肉において罪を罪として処断された」（ロマ八・三）、「罪と何の関わりもない方を、神はわたしたちのために罪となさいました」（二コリ五・二一）、「キリストは、わたしたちのために呪いとなって」（ガラ三・一三）など。

（21）「神が苦しむ」という言い方を避けることには、アリストテレス的な「不動の動者」（ご自身は不変不動不可受苦であり、すべてのものを動かす者、cf. Aritoteles, Met. 1072 a 26-7）という異教的な神観の影響があるとされます。なお、近藤勝彦は、こうしたアンセルムスの思想の背景には、ゲルマン的刑罰法から由来する「悔悛のパイエティ」があるというリッチュル学派の批判を紹介しています（近藤勝彦『贖罪論とその周辺』八二頁以下、九一頁以下参照）。

（22）新約聖書の贖いに関するメッセージにおいては、「われわれのために」（〔希〕ヒュペル・ヘーモーン）という言い回しが極めて特長的です。すべての「贖罪伝承」において例外なく見られます（「わたしたちすべてのために、その御子をさえ惜しまず死に渡された」、ロマ八・三二など）。しかしこれを論理的・神学的に説明する段となると、「身代金として自分の命を献げる」（マコ一〇・四五）という商業的表象や、「罪を償う供え物」（ロマ三・二五）という礼拝論的表象（ヘブライ人への手紙の贖罪論は全体がこれを用いています）、また、「神の小羊」（ヨハ一・二九）という過越祭に関連付けた表象など、多種多様な表象による贖罪思想となって現れています。とはいえ、その多くは主イエスご自身がお持ちであったイザ五三・一一の刑罰代償説的なご理解（マコ一〇・四五！）や、聖餐制定に際してぶどう酒を「多くの人のために流されるわたしの血、契約の血」（マコ一四・二四）と表明された同じく刑罰代償説的な御言葉によって決定的に影響されています。また、同じように主イエスご自身の中に脈々と生きていた神の国の間近な到来の考え方と何らかの形で結びついているものが多く、しかも、いずれの贖罪思想も、贖罪の事実を救済史全体の中で見る見方が既に明確であったと言えます。

(23) グスタフ・アウレンはすべての贖罪論を「古典型」（勝利説）、「ラテン型」（充足説）、「近代型」（道徳感化説）の三つに大別し、今日の贖罪論研究に一つの光を与えています（G・アウレン『勝利者キリスト――贖罪思想の主要な三類型の歴史的研究』（佐藤敏夫・内海革訳、教文館、一九八二年）参照）。彼は、古代教会の贖罪論の最も重要なテーマは、「刑罰代償説」ではなく、むしろ、「キリストは勝利者である」という命題をめぐる「古典型贖罪論」であったということを明らかにしました。これはアウレンの功績です。古代教会の神学は、キリストの十字架と復活が人間を虜にしているサタンとその悪の力から人間を解放し、その意味で、サタンに勝利したという贖罪の出来事の説明のために多大な努力を費やしています。十字架が神の勝利であるという理解は、聖書にある通りですが、ともすると忘れられがちです。その意味において、キリストは勝利者であるということを強調した古典型贖罪論は今日、もっと注目されるべきでしょう。

ただしその際、神は御子キリストという賠償金（ransom）をサタンに対して支払ったのだという論理が、どの教父にとっても大きな重荷となっていたようです。実際、今日のわたしたちから見れば、誰が考えても、創造者なる神から人類をだまし取って虜としたサタンに、神が賠償金を支払わなければ取り戻せない理由など、存在しないからです。

古代教父で最も魅力のある贖罪論を述べているのは、やはりエイレナイオス（一三〇頃―二〇〇頃）でしょう。エイレナイオスの贖罪思想は彼自身の「レカピトゥラチオ」（万物再統合）論によって枠づけられており、キリストの従順の死によってサタンが滅ぼされ、信仰者すべてに救済が与えられたとする説で、今日でも魅力ある説です（Adversus Haereses III. 18 etc.）。彼は、サタンが人間を全能の神から引き離して不当に支配していたが、神は正当にご自身のものであった者を取り返すために、あえて暴力を振るわずに「説得」に訴え、人類の贖いのためにサタンに御言（キリスト）を与えたと主張しました（op. cit., V 1, 1）。つまり彼は、人間が現実にサタンの支配下にあることと、彼が解放されるためにはサタンへの賠償金が必要であることと、神は正義と深き愛により、御言葉の説得という賠償金キリストを支払ってサタンに勝利したと説いたわけです。神が人間たちを説得して悔い改めさせると言わず、サタンを納得させたと述べた点が、彼の論理の最大の欠点でしょう。

テルトゥリアヌス（一五〇／一六〇頃―二二〇）も魅力ある教父の一人ですが、エイレナイオスのような詳細な救済論は展開していません。彼からアンセルムス的な刑罰充足説が生まれたと言われます。彼もまた、アンセルムスと同様、「神性は不死的であるが、人性は可死的である」（Prax. 30）と言っていて、神的スブスタンティアは苦難を受け得えないと考えていたからです。

エイレナイオスに次いで魅力ある贖罪論を展開しているのはオリゲネス（一八五―二五四）です。オリゲネスはエイレナイオスの前述の「悪魔納得説」に対して、「悪魔欺瞞説」を主張し、キリストの十字架は神がサタンを騙して釣り上げる釣り針のようなものであり、キリストの復活はキリストの死を勝利に変えたと説明しています（Origenes, Matt. XIII. 9; XVI. 8; XII 28; Exhor. ad mart. 12）。「賠償説」には、「悪魔に対する賠償」という現代のわれわれには理解不能な考え方が負荷となっているため、さまざまな無理やこじつけがあります。

アタナシオス（二九五頃―三七三）はその波乱万丈の生涯の中でも『言（ロゴス）の受肉について』という著述を残しており、アンセルムスと同じ問題と取り組んでおりますが、彼の本領は贖罪論よりもむしろ三位一体論の方にあり、贖罪論を三位一体論の文脈の中に組み込んで論じていることが特長的です。その他、大バシリウス、ニュッサのグレゴリオス、ナジアンゾスのグレゴリオス、クリュソストモス、ダマスコのヨハネスなど、たくさんの神学者たちが皆、何らかの意味で「サタンへの賠償」の発想法に囚われています。しかし、これらの賠償説は、いずれも、聖書の言葉である「贖い」（lutron または antilutron）がサタンに対して支払われたとする点で、聖書とは必ずしも一致していません。しかしながら、イエス・キリストは罪と悪の歴史に対して十字架と復活において勝利したという古代神学の根本的なモチーフは、聖書によって十分に裏付けられる、古代神学の最大の遺産であり、一九世紀のブルームハルト父子をへてK・バルトによって再び神学上の大きなテーマとなってきた点で、注目に値します。

実際には、この古代教会の「勝利者キリスト」という神学的モチーフは、教会がローマ帝国と結びつき、やがて地中海世界を支配するようになると、むしろ三位一体論やキリスト論という別のテーマに席を譲り、アベラルドゥスやアンセルムスが現れるまで、ほとんど論じられることがありませんでした。

ただし、古代から中世へ移行する間に現れた偉大な神学者アウグスティヌス（三五四―四三〇）は、カトリック神学の土台を形成して中世カトリシズムを基礎づけただけでなく、カトリック神学をもはるかに超えて宗教改革とプロテスタント教会にまで深い信仰的・神学的影響を与えており、そのパウロから深い影響を受けた贖罪論は見逃すことができません。彼は人間存在に深く巣食う肉の欲（concupiscentia）に自らも若い頃から悩み、一〇年以上もの間マニ教の教えの虜にされていましたが、遂にそこから脱却し、創世記の研究によって「原罪」の概念を確立しました。人間は自らの自由意志によって不当に神に背いており、しかも自分自身の意志のいかなる努力によっても決して神にも浄福の生にも至ることはできず、ただキリストの無償の恩寵によってしか罪の力から贖われ得ないことを認識し、洗礼を受けました。やがてカルタゴの司教となり、ペラギウス主義と戦い、恩寵のしるし（signum）である公同教会のサクラメントの必要不可欠性を論証して中世カトリシズムの基礎を築いた人であることは、忘れることができません。彼は、行いによる義も、したがって教会の功績も、結局は神の好誼によって受け入れられて初めて有効となると考えていたようです（今日で言う「合誼的功績」（meritum de congruo）の考え方、第1章注12参照）。その意味で、彼は福音主義的な贖罪論を準備した神学者であると考えて差し支えありません。

しかし、彼の後に彼の神学の土台の上に生まれた中世カトリシズムは、実際にはセミ・ペラギウス主義に陥り、もっぱら教会の権威主義的なサクラメントによる救いを説くようになってきました。教会があたかも実際にこの世に勝利したかのように見えたので、古代教会の中心にあった「キリストの勝利」はむしろ当然となってしまったからかもしれません（一コリ四・八参照）。神の御言葉による勝利よりも、武力その他による勝利の方が分かりやすかったのでしょうか。それと共に、異邦人伝道への関心は薄くなり、キリストの勝利はもっぱらキリスト教界が異邦世界（主としてイスラーム世界）に勝利し、聖地エルサレムを奪還することと同一視されるようになった観があります。不思議にも、教会の説教職への関心が薄れ、読み応えのある説教や聖書講解が大変少なくなったのも、六世紀に入ってからのことです。もっとも、「怪我の功名」ではありませんが、十字軍戦争でほぼ敗北を喫した西欧キリスト教界は、その後イスラーム世界を経由してアリストテレスの学問などを取り入れ、信仰的立て直しを図り、修道院（托鉢教団や説教教団など）が教会の信仰を強力にリードし、着々とルネッサンスと宗教改革を経て「近代」へと至る準備を整えていました。今日の西ヨーロッパ文明の発展の礎は、十字軍の失敗を淵源としていると言えるのかもしれません（反対に、戦争に勝利したイスラーム世界はかえって相対的に見れば停滞期に入り、「現代」がそこから出発するところの「近代」というものを十分に形成できなかった感があります）。

ともあれ、宗教改革が起こる数世紀前（一二世紀頃）から、そして特に宗教改革の時代から、「人はいかにして罪を赦され、永遠の生命への希望を勝ち取ることができるか」という熾烈な問いが起こり、説教職への関心が著しく高まりました。宗教改革者たちから出た「神の言葉の神学」は、イエス・キリストは説教壇に復活したと考えます。キリストの王職は、キリストの預言者職を通して行使されるという考え方です。西洋の教会が海外伝道に関心を向け始めたのは、ようやくこれ以後のことです。本書でも、わたしたちはこの宗教改革者たちの贖罪論を中心に考察しております。

なお、東方教会では、西方教会とは異なり、「勝利者キリスト説」は必ずしも衰えたわけではありませんが、いつの間にか焦点はキリストの十字架と復活における勝利よりも、むしろ受肉の方に移り、神の子が天から「降下」して受肉されたことは、そこで摂られた人間性が相対的に天にまで「上昇」し、「神化」されたことを意味するという方向で救いを理解する仕方が広まり、その古代教会の伝統を残した典礼と共に、西方神学とは異なる独特の伝統を形成するようになりました。K・バルトの和解論（特にKD IV/2）にこの影響がないとはいえないように思われますが、今後の研究に待たれるところです。

（24）現代の贖罪論で最も注目すべきものは、P・T・フォーサイスとK・バルトのそれでしょう。フォーサイスの贖罪（Atonement）思想（cf. P. T. Forsyth, The Work of Christ, London and Glasgow, 1910）は、紙幅の都合によりここで詳しくご紹介することはできませんが、非常に優れたものです（邦語では、森島豊『フォーサイス神学の構造原理――Atonementをめぐって』［新教出版社、二〇一〇年］に丁寧な研究があります。また、近藤勝彦、前掲書、一五一―一七二頁に詳細な批判的考察があります）。宗教改革者たちのそれと共に推薦されて良いものです。とはいえ、彼の贖罪論では、キリストが罪人の「代理」としてすべての者の罪責を担ったという宗教改革者的「刑罰代償説」と並んで、イエスが全人類の「代表」として彼らの先頭に立って罪を悔い改め、神の御名を聖として告白したこと（cf. ibid. p.127）の、二つの契機が同時的に主張されています。このため、十字架における神の審判が具体的に神の御子の死であるという前者の契機があまり明確になっていないきらいがあります。やはり、近藤が述べている通り、「フォーサイスによれば、キリストは罪人とされて、罪人の身代わりの死を死んだのではなかった。フォーサイスは『刑罰代償』（代理説）を否定して、代わって『連帯的、代表的審判』を主張した」（近藤勝彦、前掲書、一六一頁）という批判がある程度妥当するのではないかと思われます（cf. Forsyth, ibid. p.127; eiusdem, The Church, the Gospel and Society, p.26 etc.）。それゆえ、「フォーサイスが贖罪論における自らの立場として主張したのは、『連帯的賠償（solidary reparation）の説』であった」（近藤、前掲書、一五八頁）とされます。

フォーサイスのように、日本では「バルト以前のバルト」と評価されている神学者が御子なる神の呪いの死（マタ一五・三三、ガラ三・一三、イザ五三など）を（必ずしもその契機は否定していないものの）強調していないのはやや奇異にも思われますが、彼がそれによって強調したかったことは、あくまでも、「贖罪論における『三ツ撚りのコード（the threefold cord）』」の確保です。「三ツ撚りのコード」とは、キリストの贖罪という一つの行為・出来事の中に、「悪に対する神の勝利」と「神に対する充足」と「人類の再生」という三つの契機が共に生かされるようにということです。特に彼は、第三の「人類の再生」という契機によって、近代的な「道徳感化説」のモチーフを生かそうとしました。言ってみれば、彼は贖罪論の中に、単に客観的贖罪の事実だけでなく、将来の和解論にまで発展すべき「人間が神に帰る」という主観的モチーフを生かそうと考えたのでしょう。その意図は十分に評価できますが、しかしわたしは、そのために彼が聖霊論を導入せず、むしろ歴史における神の審判を認識する人間の中の結合点として、「キリスト教的良心」を導入したのは、相当に不十分と考えます（cf. P. T. Forsyth. Cruciality of the Cross, p.64 etc.）。連帯的賠償説では、人間がキリストを先頭として悔い改めの道を歩み、その十字架の御苦しみにあずかってでも復活の命に達するべきことまでは良いとしても、苦しみや死が何らかの意味で未だに「呪い」の要素を帯びたものであるという契機がどこかに残ってしまうのではないかという印象をぬぐい切れません。むしろ、贖罪論は徹底的に客観的な「神の代理的受苦」をきちんと述べ、その結果として、信仰義認論の中で聖霊による人間の応答をきちんと述べることが必要なのではないかと考えます。

現代の贖罪論でもう一人注目すべきものは、何といってもカール・バルトのそれでしょう。これは主著『教会教義学』の第四巻の「和解論」の中で、数千ページにわたって述べられているものですので、ここではご紹介できません。しかし、概括的に述べれば、宗教改革者たちの客観的贖罪論を基本として、古代教会の「キリストは勝利者である」という古典的勝利説とフォーサイスが試みようとした「三ツ撚りのコード」の意図を真に生かしたものと言うことができましょう。本書第2章および第3章でわたしたちが述べているもの、特に「六つの命題」（本文(d)参照）で主張されているものは、著者の意図としては、ほぼこのバルトの和解論と内容的に同じものです。

（25）御子の「服従」の契機は、例えば日本の教会の受難節の説教などを読みますと、比較的軽視され、その代わりに、「主はわたしたちのために、こんなにも苦しまれた」という「受難」の契機が表に出がちです。それによって「お涙ちょうだい」式受難が語られ、聴衆も受難の意義が分かったような気になってしまうことは、日本の教会で贖罪の厳粛さが見失われる大きな原因となっています。そもそも、宗教改革者たちの贖罪論を形骸的にのみ継承した古プロテスタント主義の最大の欠点は、義認から聖化が生まれず、キリストの贖罪が人間を罪から解放する力を失ったことにあります。その弱点を補完するため、かえって近代自由主義神学の道徳感化説が出てきた感があります。P・T・フォーサイスはこの神学的に極めて重大な問題点に着眼し、それはキリストの苦難のみが強調され、服従の契機が十分に強調されなかったことに原因があると指摘しました（cf. Forsyth, The Work of Christ, p.176）。彼の慧眼と言えましょう。そこから彼の「連帯的賠償説」が主張されたことは、動機としては理解できます。

いずれにしろ、十字架における「呪いの死」を感傷的にではなく、御子の服従として正しく理解する必要があります。

（26）この意味において、キリストのご復活は、聖書のいわゆる「復活伝承」においても、明確に区別された二種類の伝承によって伝えられています。まず、死んだキリストの父による「甦らせ（Auferweckung）伝承」があり、それによって初めて、御子の「甦り（Auferstehung）伝承」が成立します。したがって、復活とは、第一義的には、復活者キリストの神性の「自証」であるというよりも、その服従の御業が完全であったことの父による「認証」（Bestätigung）であり、父が罪人の屈辱的な死を身に負われた御子と一体であられることの「告白」（Bekenntnis）であったと言うべきでしょう。神の三一性はここで実証されました。

（27）『ハイデルベルク信仰問答』五頁。

（28）キリスト教の「悔い改め」は、ギリシア語の「メタノイア」（心を変える）からではなく、むしろ、ヘブライ語の「シューブ」（向きを変える、〔神に〕立ち帰る）から理解されなければなりません。日本語にこれに該当する言葉は存在しません。日本語の「後悔」は「してしまったことを、後で悔やむこと」（『広辞林』第五版、三省堂）ですから、もっぱら自分の中で反省し、二度とすまいと決意することですが、旧約聖書の「シューブ」は、一義的に「神の方に向き直り、神に立ち帰ること」を意味します（この字が旧約聖書で「悔い改める」と訳されているのは、四か所しかありません）。ギリシア語にもこれに相当する字がないので、仕方なく「メタノイア」が使われているわけですから、これは旧約聖書の「シューブ」の代用語として使われていると理解すべきでしょう。「神の御心に適った悲しみは、取り消されることのない救いに通じる悔い改めを生じさせ、世の悲しみは死をもたらします」（二コリ七・一〇）とある通り、単なる「後悔」と「神に立ち帰ること」とは、天地雲泥の差があります。

（29）『ルター著作集　第二集第一一巻』四一八頁。

（30）申すまでもなく、キリストの義の「転嫁」（imputatio）はカトリック的な恵みの「注入」とは異なった考え方です。恵みの「注入」の場合には、人格的な関係なしにも（例えばサクラメントによっても）起こり得ますが、「転嫁」の場合には、言葉を媒介とし、それを信じて受入れることによりますので、そこに人格関係が生じます。

（31）詳しくは、拙著『カール・バルトの人間論』の中の一〇二―一三七頁を参照のこと。

（32）このうちの、キリストの王職と伝道および「神の国の形成」との関係を詳しく述べたものが、本書第3章です。また、キリストの預言者職と伝道および「神の国の形成」との関係を述べたものが、本シリーズ第3巻全体です。

（33）Cf. Denz. 300-303（四五一年）. Denz. とは、Denzinger-Schönmetzer, Enchiridion symbolorum definitionum et declarationum de rebus fidei et morum, Herder, 1965 という書物の略号です。

（34）『信仰の手引き』問三八（三四頁）参照。

（35）詳しくは、『信仰の手引き』問四一―四二（三六頁および解説一七、一八参照）。

（36）Cf. Denz. 293（四四九年）.

（37）わたしたちが本書注23で古代教会の「勝利者キリスト論」について触れ、ここでキリストの王職について語り、「神の国」について言及し、キリスト者を「神の民」として語ったことは、わたしたちの伝道論の深い意図に基づきます。その意図は第3巻において十分に展開されるでありましょうが、福音を単に「罪の赦しの福音」としてだけでなく、さらに「神の国の福音」として高く掲げる目的を持っています。このことについては古屋安雄が『神の国とキリスト教』（教文館、二〇〇七年）その他において繰り返し主張していますが、大いに注目されてよいものです。古屋は日本の神学史全体を顧みる中で、福音を単に「罪の赦しの福音」として個人の救いにのみ矮小化し、伝道や社会への関心が見失われがちな傾向に対して、「罪の赦しの福音」を重視しつつも、それは同時に「神の国の福音」という視野と次元を失ってはならない、と強調しています。ことに最近の日本基督教団内の紛争に関して、「わたしの見るところ、この問題（内紛の解決（引用者））は『教会派』と『社会派』とを超える『神の国』しかないと思っている。イエスの教えた『神の国』とは、教会と社会が共に想起するのみならず、その実現のために努力すべきものだからである。特に、教会はこの『神の国』のために存在するものだからである。教会が『神の国』のためではなく、自己目的化するから『社会派』が出てくるのである。教会は、教会のためでも、社会のためでもなく、『神の国』のために存在するものだからである」（前掲書、一四一―二頁）と述べています。極めて正当な議論であると思います。ただし古屋は、「神の国」を単に人間の手によって実現できる地上的な神の国と理解したリッチュル的・一九世紀的な楽観的神国論に対しては極めて批判的です。しかし反対に、二つの世界大戦以降、神の国についてはあまり語らなくなった神学的傾向に対してもその不十分さに警告を発しています。

著者（上田）は古屋の議論におおむね賛成であり、日本における伝道論を展開するに際し、多くの示唆を与えられています。その十分な教義学的展開をすることが本書の課題の一つであると考えています。

（38）わたしたちは、P・T・フォーサイスがその贖罪論において、「三ツ撚りのコード（the threefold cord）」を重視したことを述べました（注24参照）。「三ツ撚りのコード」とは、キリストの贖罪という一つの行為・出来事の中に、「悪に対する神の勝利」「神に対する充足」「人類の再生」という三つの契機が共に生かされるということです。「悪に対する神の勝利」はキリストの王職が、「神に対する充足」はその祭司職が、そして、「人類の再生」はその預言者職が満たします。

（39）なお、カルヴァンはキリストの祭司職、王職、預言者職の他に、預言者職に付随して「教師職」（magisterium）をも考えていたようです。その痕跡は、長い間キリストのことを、例えば『ハイデルベルク信仰問答』（問三一など）などで、「預言者または教師」と呼ぶ呼び方の中に残されています。教師職は内容的には預言者職の中に吸収されてしまいますが、その強調によって教会の訓練と成長を重んじようとしたカルヴァンの意図は十分に理解できます。例えば、「これはわたしの愛する子。これに聞け」（マコ九・七）や、「恵みと真理はイエス・キリストを通して現れた」（ヨハ一・一七）など、また、キリストから遣わされる聖霊が「真理の御霊」と呼ばれ、その方が「あなたがたにすべてのことを教え、わたしが話したことをことごとく思い起こさせてくださる」（同一四・二六）などの聖句を考え合わせますと、キリスト者と共にあり、彼に真理と永遠の命の豊かさへと教え導く「人類の教師」としてのキリストの役割が浮かび上がります。この職はまた、御霊によって受け継がれます（同一六・一三）。それゆえ、この職を尊重することは必要な事でしょう。

なお、この「キリストの教師職」は後にわたしたちが「教会訓練」について述べる時、重要となります（第3巻第3章第2節第3項(b)参照）。

(40) Cf. Augustinus, De trinitate, Lib. I, cap. 4; Lib. II, cap. 1; Lib. V, cap. 14; Denz. Nr. 704.

(41) 本シリーズ第3巻の第1章にて。この聖霊は、永遠より御父および御子と共にいます、三位一体の神の第三位格（〔羅〕Persona）です。そして、キリストと共に働かれます。聖霊は「父がわたしの名によってお遣わしになる」（ヨハ一四・二六）霊であると同時に、御子からも（Filioque）遣わされるという西方教会の教理は、「わたしが父の許からあなたがたに遣わそうとしている弁護者」（同一五・二六）や「わたしが行けば、弁護者をあなたがたのところに送る」（同一六・七）などの聖句によって証明されます。

(42)『ジュネーヴ教会信仰問答』問九一参照。

(43) 動詞「ラーハフ」のピエル形（新共同訳「動いていた」、口語訳「おおっていた」、フランシスコ会訳「覆うように舞っていた」）は、旧約には他には申三二・一〇（新共同訳「飛びかけり」）しか用例がなく、意味が判然としない言葉ですが、聖霊が御言と共に働いてこの混沌と暗闇の世界とその歴史を形成すべく目まぐるしく動いていたという意味に取ることができます。聖霊は、神を信じないこの世を今も覆い包み、完成へと導こうとしておられると考えられるのです。

(44) 新約聖書では、わたしたちキリスト者が「神の子」であるという場合、通常は「テクノン」という別の言葉が使われます。わたしたちに対して「ヒュイオス」が使われているのは、ここの他には、ガラ四・六のみです。

(45)「アッバ、父よ」という祈りも、最初は神の御子イエスの独特の祈りでした（「アッバ」というアラム語は、家庭で幼子が自分の父親を信頼に満ちて呼ぶ時の家庭語〔幼児語〕です）。主が十字架にお掛りになる前夜、ゲッセマネの園で祈られた時の祈りもこの祈りで、祈りの中でも最も深い祈り、人類史上最も崇高な祈りと言われます。主はご自分の十字架の死を翌朝に控える中で、何度も神を「アッバ」と呼んで祈り、深い苦悩を乗り超えて限りない平安を与えられ、十字架に赴かれました。神をこのように親しく「わたくしの父（パパ）」と呼んだ人は、人類の中で主イエスが最初であり、モーセも、ヘブライの預言者たちも、その他古今東西のどの国のどの宗教家も、神をこのように信頼に満ちて「父よ」と呼んだ人はいないと研究者たちは口を揃えます。この祈りが初代教会では、キリスト者の祈りとして頻繁に祈られるようになりました。

(46) 口語訳によれば、神を愛するキリスト者たちが神と共に働くというモチーフが明確です。新共同訳では、神人協力説を恐れてか、主語が「万事」とされてしまいましたので（「万事が益となるように働く」）、神と共にキリスト者が共に働くというモチーフが完全に消されてしまいました。パピルス四六やアレクサンドリア写本、バチカン写本などによって立証されている、口語訳の読みの方が正しいと考えます。

(47) その意味において、この信仰のことを、「神がみことばによって、われわれに、あらわしてくださったことを、みなまこととする堅固な認識だけでなく、聖霊が、福音によって、わたしのうちにおこしてくれる、心からなる信頼のことであります」と定義している『ハイデルベルク信仰問答』問二〇の答えは見事なまでに完璧です。「堅固な認識」（notitia）は今までカトリック教会でも行われた「知的承認」のことですが、「心からなる信頼」（fiducia）は己を罪人と認識し、全存在を実存的に神に委ねる信頼のことですから、まさに神の「義認」をそのまま受け入れる「受け取り方」に他なりません。

(48) ただし、現在のカトリック神学の釈義では、プロテスタントの聖書協会訳同様、「義とする」と訳されるようになりました（フランシスコ会聖書研究所訳など参照）。

(49) わたしたちはここで、キリスト者の自由について述べることが適切であると思います。このキリスト者の自由は、既に「義認」のところでも、また、次の「召命」のところでも述べることができますが、おそらく、「聖化」のところで述べるのが最も適切でしょう。「義認」のところで述べれば、主として「〜（罪）からの自由」（Freiheit *von et.*）となるでしょう。しかし、キリスト者の自由は罪「から」の自由であると同時に、常に「〜（神または隣人を愛すること）への自由」（Freiheit *für et.*）であり、ある対象に向かっています。その意味では、真の「自由」は常に真の「必然」であり、自由と必然の実体的区別は神学的にはありません。AもBも選べる、いわゆる「選択の自由」（〔羅〕liberum arbitrium）は、まだ真の自由とはいえないからです。真のキリスト教的な自由とは、「自由」という邦語を創った西周の「自らに由りて」という考え方と多少重なりますが、人間が心の底から、何ものにも（したがって、自分自身の罪にも）妨げられず、あることを願い、欲し、行う「自己」（Selbst）が、聖霊によって創出されることです。このことを、著者はかつて、「イエス・キリストにおいて、自己自身の事柄の許に能動的に在ることが許されていること」(aktiv-bei-seiner-eigenen-Sache-in-Jesus-Christus-sein-dürfen) と定義しました（拙著『カール・バルトの人間論』二一七頁参照）。この場合の「自己自身の事柄」とは、神の栄光を顕わすことです。

(50)「日本基督教団信仰告白」は、教派の合同において最も困難な問題である、この義認と聖化の関係を深い神学的熟慮と検討の末に、「この（義認の［引用者注］）変わらざる恵みのうちに、聖霊は我らを潔めて義の果を結ばしめ」と表現しました。義認も聖化も同じく、信仰者に働かれる聖霊の同一の恵みであり、同時的に起こるとした点が優れていると思います。『聖化については、これをあくまでも「義とせられること」に基礎づけられたものとして確認し、その上で後者とは区別せられる恩恵の行為として明確化するが、しかしこれをただちに道徳的向上と同一視する如きを避ける』（第五回委員会）ことなどが申し合わされています」（『信仰の手引き』一八一頁の《解説二六》より）参照。

(51) お断りしておきますが、「万人祭司」はあくまでも、一人ひとりのキリスト者がキリストの祭司であるという意味ですので、教会政治の形態としての監督主義にも長老主義にも会衆主義にも与するものではありません。むしろ、それらの根底にあって、それらが真に生かされるための考え方が、「万人祭司主義」です。「万人祭司」とは、それらいずれかの政治形態が選ばれ、選ばれた政治形態の中で、それがよりよく実現するようにと常に努力されるべきものとお考えいただきたく思います。

(52) ここでの議論の必要性をもう少し明らかにしておきます。

「神の国」は中世カトリック教会では、地上に存在する教会とほぼ同じ意味に理解されていました。これは明らかに誤りです。

また、一九世紀プロテスタント神学においては、福音書においてイエスが語る「神の国」の内容について非常に熱心に研究され、かまびすしい議論が展開されました（主としてA・リッチュルによって基礎づけられた近代自由主義神学において）。それは神の国をこの地上において建設することができるという、当時の楽観的・ヒューマニズム的な進歩思想と固く結び付いたものであり、やはり方向において大きく誤っていました。リッチュルはイエスの「神の国」を、カントの「目的の王国の理念」を具現化するものとして理解し、人間の道徳性の向上と充実とによってこの地上に倫理的な道徳の王国、愛と平和の王国を実現しうるものと考え、そのために鋭意努力することこそキリスト者および教会の任務であると考えました（A. Ritschl, Rechtfertigung und Versöhnung, 1874)。ハルナックもほぼ同様です（A. v. Harnack, Das Wesen des Christentums, 1900)。これらの楽観的な一九世紀的神の国思想はさらにアメリカにも伝播し、ラウシェンブッシュ（一八三六―一九一八）らを中心に「社会的福音」(Social Gospel）なるものが説かれました。これらの「神の国」思想は、明治末期から大正期の日本の教会にも多大な影響を与えたことは周知の通りです。しかし、このような楽観的な神の国思想を根底からくつがえしたものが、二つの世界大戦にほかなりません。第一次大戦後、カール・バルトたちの「弁証法神学」(「危機神学」)、「神の言葉の神学」が興り、同じく日本の教会にも絶大な影響を与えました。

しかしながら、日本においては「弁証法神学」の受容に伴い「神の国思想」や「社会的福音」がほとんど駆逐されてしまった感がないわけではありません。一九世紀的な楽観主義が是正され、「神の国」とは人間が地上に鋭意努力して築き上げられるものではなく、神が突如として上から介入することによって来る終末論的・超自然的なものであるとした点は良いのですが、それが一方的に神から来るものであるから人間は何もできず、教会は日本社会に対して何もしなくてもよいという誤解が生じてしまったきらいがあります。ご承知のように、戦時中の日本の教会はバルト神学を「隠れ蓑」に使って（バルト自身はそうではなく、身を賭してナチスと闘ったのですが）歴史の成り行きに対して受け身的になり、軍部に迎合してしまったことが強く反省されます。わたしたちが本節で述べていることは、このようなことが二度と起こらないために、福音が「罪の赦しの福音」であると同時に「神の国の福音」でもあることをもう一度鮮明にし、その上に立って伝道論を展開する基盤を形成することです。

(53) この点線を実線のように描くと、ローマ・カトリック主義的な教会論になります。

反対に、一九世紀的な自由主義神学は、この「教会」と「世界」の相対的・暫定的区別を無視しました。二〇世紀後半の世界を覆った「神の伝道（ミッシオ・デイ）」の神学もまた、この区別を非常に曖昧にした点で、誤っていました（具体的に言えば、「キリスト－教会－世界」ではなく、「キリスト－世界－教会」という図式を考えていた人々や、「キリスト－教会－世界」という図式で考えてはいても、その境界線である点線を極端に細くて見えにくい点線として描こうとした人々もいました）。その結果、世界史の救済史との混同が起こりました。福音伝道は神が単独でしておられる「神の伝道」であり、神はそこにおいて神の正義の確立と人間の解放――あらゆる意味での抑圧、例えば政治的・経済的・軍事的・精神的・肉体的な抑圧からの「人間解放」――をしておられるのだから、教会は福音伝道よりも、むしろNGOやNPOと共に地上に神の正義と平和を確立し、人間の人権・自由・平等・解放などを成就することに熱心であるべきであるとし、教会もキリスト者も「罪の赦しの福音」を宣べ伝える伝道には大変不熱心になりました。要するに、わたしたちの「神学の第三公理」(「世界史の究極の意義は、救済史の成就にある」という公理)があいまいにされたのです。その長期にわたる結果として、教勢が著しく低下したことは否めません。日本の諸教会の中でも、WCC(世界教会協議会)に加盟している教会、特に日本基督教団などは、最も深刻な影響を受けた部類に属します。もっとも、教勢低下の原因を「ミッシオ・デイ」の神学にだけ求めることは、かえって間違いとなるでしょう。むしろ、最終的には、教会で福音がきちんと語られ、「召命」と「伝道」が語られていたかどうかを問題にすべきでしょう。もし教会で「召命」の恵みが語られていなかったとするなら、それは、「義認」の恵みも「聖化」の恵みも語られていなかったことを意味することになるからです。

なお、「神の伝道」について、詳しくは第3巻注16を参照のこと。

(54)E・プシュヴァーラ編『アウグスティヌス語録 中』(茂泉昭男訳、日本基督教団出版局、一九七三年)二四四頁。

(55)後に(本シリーズ第3巻第1章)わたしたちは、キリストご自身がこの「見える教会」の出現を欲せられ、洗礼と聖餐の聖礼典を制定されたことを、聖書に基づいて詳しく述べるつもりです。

第3章

(1)わたしたちは主としてマタイによる福音書の方の伝承を用います。なお、「主の祈り」全体については、『信仰の手引き』の「主の祈り」の部分(一四一―一六三頁)をご参照のこと。

(2)本シリーズ第1巻第1章第3節参照。そこで述べておきましたように、本来はこの命題はこの場所で正式に登場すべきでしたが、読者にとってはもっと早くご説明が欲しかったと思いましたので、そこで簡単にご説明しました。なお、この考え方は旧約学者コッツェーユス(一六〇三―六九)が旧約研究から唱えるようになったいわゆる「契約神学」から出発しており、その適用によって人類の歴史を救済史的観点から解決しようとする教義学的立場として次第に改革派神学の一つの根幹を形成するようになりました。

(3)大木英夫『終末論的考察』(中央公論社、一九七〇年)参照。

（4）イマヌエル・カントのアンチノミー説は、『純粋理性批判』で述べられていて、時間と空間に関するアンチノミーは、「この世界は時間的な始まりと空間的な限界とを有する」という正の命題と、「この世界は時間的にも空間的にも無限である」という反の命題の二つが共に純粋な理性的推論によれば成り立ち得るという仕方で構成されています。

なお、アウグスティヌスはすでにヘレニズム時代から行われていた時間の永劫回帰の思想を『神の国』の中で全面的に否定しており（De civ. Dei XII, 10sqq.）、トマスもまた、西洋のスコラ神学樹立に甚大な影響を与えたアラビアの哲学者アヴェロエス（イブン・ルシェド、一一二六―九八）の考え方（宇宙の誕生を円環的な時間モデルで想定し、宇宙は時間的に無限だとする考え方）を否定し、理性ではどちらとも判断しがたいが、啓示が時間の無限性を否定していると明確に述べています（ST I. Q. 46. c.; ibid. Q. 32. a. 1; Cont.Gent. 2, 31ss.）。

最近五〇年ほどの理論物理学では、宇宙は一三八億年前に「ビッグバン」によって誕生したという枠組みの中で考えられるようになってきました。大変興味深いこととは思いますが、それはさまざまな物理法則の斉一的妥当性を仮定した上で、初めて言えることです。しかし、そもそも世界史という概念は、キリスト教によってもたらされた概念であり、例えば、ヒンドゥーの思想では、宇宙は幾百万年の「劫」（カルパ）の交替や繰り返しによる円環という枠組みの中で考えられています。理論物理学がこのインド思想を肯定も否定もする権利がないことは、申すまでもないことです。

（5）E・プシュヴァーラ編『アウグスティヌス語録　中』二二七頁（Augustinus. In Ps. CXXXVI. 3, 4）。

（6）ご承知のように、セブンスデー・アドベンチスト教会（SDA）は今日でも出二〇・八以下の言葉を重んじ、安息日を土曜日にしています。しかし、四世紀のニカイア公会議は、決してセブンスデー・アドベンチストの方たちが考えるように、サタン（ルシファー）の誘惑に惑わされ、太陽崇拝の要素を取り入れたからではないことは、申五・一五（D典）の存在によって立証されています。

（7）Georges Rouault, LE CHRIST DANS LA BANLIEUE, 一九二〇年作、東京・ブリヂストン美術館所蔵。

（8）Georges Rouault, PAYSAGE BIBLIQUE, 一九九四年作、個人蔵。

（9）S・キルケゴールの墓碑銘より。

（10）プシュヴァーラ編、前掲書、九頁（Augustinus, Ep. CCXXXII, 5, 6）。

(11) 前掲書、一八頁(Augustinus, De cons. Evang. I, xxxv, 53)。
(12) プロテスタント教会の場合には、ローマ・カトリック教会の典礼とはかなり対極的な位置にあります。カトリック的な典礼様式をかなり残した聖公会の場合を除けば、リタージカルなものよりも、主としてカルヴァン主義的な改革派諸教会の場合のように、「御言葉の礼拝」であることが決定的な意味で重視され、説教と聖礼典を中心とし、礼拝形式は「簡素」を旨とします。礼拝学の基本原則である、「祈り(すなわち、礼拝)の法則は信仰の法則である」(Lex orandi est lex credendi) を重んじた改革がなされているからです。
(13) ヴァルター・リュティ『あなたの日曜日』(宍戸達訳、新教出版社、二〇〇二年) 五頁。
(14) 前掲書、六頁。
(15) 前掲書、一三頁以下。
(16) 本シリーズ第1巻第1章第1節参照。
(17) M・ハイデッガーが道具を使う人間を手掛かりに行った実存分析から、人間存在を「自分の死に深く関わる存在」(Sein zum Tode) として提示したことはあまりにも有名です (M. Heidegger, Sein und Zeit, 1927)。この"zu"という前置詞は、この場合、「死に向かっている存在」とか、「いつかは死んでしまう存在」という意味での到達点を表す"zu"ではなく、自分の固有の死に「深く関心を寄せる存在」という意味での"zu"であることは、注意されなければなりません。
(18) J・ベイリー『朝の祈り 夜の祈り』(新見宏訳、日本キリスト教団出版局、一九五八年) には、これに類するたくさんの珠玉のように美しい祈りがあります。
(19) F. Schleiermacher's Sämmtliche Werke, zweite Abt. Predigten, vierter Bd. Berlin, bei G. Reimer, 1835, SS.404f.
(20) もっとも、神の国は単なる抽象概念ではありませんから、具体性を持った「支配領域」(regnum) と考えることがより適切です。なお、マタイによる福音書は、「神の国」の代わりに「天の国」を使います。ヨハネによる福音書はギリシア人や異邦人にも分かるように、「永遠の命」という言葉を使っています。
(21) 前述のドストエフスキーの『カラマーゾフの兄弟』の「大審問官」の章を参照のこと。
(22) その点で、ブルームハルト父子の信仰が思い出されます。父ヨハン・クリストフ・ブルームハルトは一八〇五―八〇年に生きたドイツの牧師、その子クリストフ・フリードリヒ・ブルームハルトは、一八四二―一九一九年に生きた牧師です。この二人は体系的な神学書は書きませんでしたが、その信仰は二〇世紀に生きた多くの弁証法神学者たちに甚大な影響を与えました。特にカール・バルトの神学に決定的な影響を与えています。若い日にバルトは彼と出会って、「神は生きておられる」という強い確信を与えられたと言っています。「イエスは勝利者である」（ブルームハルト）という信仰は、バルトの最晩年に至るまで、彼の信仰と神学の根幹を成していたと言って少しも過言ではありません（K. Barth, KDIV/3, 188ff.）。

（23）アウグスティヌス、前掲書、二二一頁（Augustinus, De civ. Dei XIV, 28）。

（24）前掲書、二二五頁（eiusdem, In Ps. LXIV, 2）。

（25）例えば、地の国においては「支配欲が統治者や彼が統治する国民を支配し」（前掲書、二二一頁［De civ. Dei XIV, 28］）などと述べられています。

（26）ここで明確にしておきたいことは、いわゆる「職業天命説」は、必ずしも聖書の福音から無条件に出てくる考え方ではないということです。キリスト者が世俗の職業を「天命」として受け止めることはもちろん良いことですが、それはむしろ、一般的な歴史参加の範疇で考えるべきでしょう。この意味での「天命」と、キリストの祭司としてすべてのキリスト者が受けている「召命」（〔希〕クレーシス）とは、少し意味が違います。後者は直接的に教会形成と伝道に関わり、それ自身として救済史に不可欠ですが、それとは異なり、前者は間接的にのみそれと関わります。またもちろん、職業への従事や専念は、いかなる職業であれ、神礼拝の代替とはなり得ません。「天」を愛するゆえに「地」をも愛するキリスト者の愛は、あくまでも「福音の前進」のために励むことであり、また、その関連の中で、隣人を愛し、他の人々と同じような真剣さで世俗の仕事（職業や家事や子育て）に従事すべきであるということです。したがって、単に自分の活動欲や芸術に対する創作欲や学問に対する研究欲や好奇心、出世欲や名誉欲を満たすこととは全く動機を異にします。また、働くための禁欲や職業における勤勉さは、職業倫理として当然であるだけでなく、神が肉の誘惑からわたしたちを遠ざけ守られる恵みとして、感謝して受け止めるべきものです。とはいえ、この世の人々と同じ忙しさや出世のための競争に巻き込まれ、蓄財や出世のために「ゆとり」をも信仰をも失う必要は全くありません。

（27）この中に「軍隊」を数え入れることには、当然異論もあり得ましょう。真に世界平和を願うキリスト者の立場から、国家が軍隊を持つ必然性がどこまであるかは、それぞれの国によって地政学上の事情がかなり異なりますから、他の学問の知識も十分に活用しながら、十二分に検討されなければなりません。新約聖書の福音は神の御支配と摂理を主張しておりますので、たとえ自衛のためであるとはいえ、単純に軍隊の存在を悪に対する抑止力として承認することは考えられません。しかし、現に日本の国もまた侵略戦争をしかけたことがありますように、サタン的な力が歴史の中に働いていることは決して否定することができません（エフェ六・一二など参照）。したがって、この地球上で侵略戦争がなくなるという理想論は成り立たず、悪に対する何らかの抑止力や措置が考えられなければならないことは当然です。ちなみに、アウグスティヌスはその『神の国』の中で、人間の真の幸いは必ず社会的なものであり、「集団」や「国」を予想しますが、集団や国は常に危険性を伴うので、神の義の完全な支配が行われていないこの「地の国」では、常に相対的・暫定的な平和以上のものはありえない、と論じています（De civ. Dei XIX, 4, 5-9）。至言でありましょう。その意味で、聖書がその終末論的な歴史理解の中で、単純に絶対平和主義を主張しているわけではないことは明らかです。軍隊は悪に対する「一つの」、しかも、万止むを得ない時にだけ使用が検討され得る抑止力にしか過ぎません。しかも、いつも反作用を覚悟し、収束させることが極めて困難であることをも覚悟しておかなければなりません。今日、「平和学」とも呼ぶべき学問が大いに期待されていると言えましょう。特に、真の和解と罪の赦しを知っているキリスト者がこれに従事することが期待されます。

なお、日本の国に関してだけ言えば、日本は地政学的には四方を海に囲まれ、大陸からは相当に隔たった所にあり、今日まで長い間自然的に外国の侵略から守られてきました。今日のグローバルな時代においては、ますます、軍隊や集団的安全保障によって力の均衡を維持するよりも、平和憲法を積極的に高く掲げる方が安全保障上よほど有効であることは、十分に認識しておく必要があります。その上で、もはや抑止力とはなり得ない核兵器の廃絶は、教会としても積極的に支持すべきでしょう。

(28) Vgl. K. Barth, KD IV/3, 122ff. バルトはここで非常に丁寧に、これが自然神学とは異なり、また、仏教的な意味でのいわゆる「万教帰一」的な考え方でもなく、全くキリストの預言者職の普遍性に根拠づけられたものであることを説明しています。なお、第3巻第1章第3節第3項参照。

(29) なお、加藤常昭編『シリーズ・世界の説教　ドイツ告白教会の説教』（教文館、二〇一三年）を参照。ここには、非常に困難な時代にあって、説教が預言者的使命を持っている顕著な例がいくつか示されています。

(30) 戦前の国家主義の立場では、宗教は「公事」ではなくて「私事」とされ（そもそもこの二つのカテゴリーしか存在せず）、帝国憲法によれば、信教は「私事」に属しますから、その自由もまた国家が「法の定める範囲内」で人民に貸与するものでしかありませんでした（帝国憲法第二八条。清水澄『逐条帝国憲法講義全』［松華堂書店、一九三二年］二四三―二四六頁の解説参照）。それ故にこそ、「宗教団体法」（一九四〇年施行）のような、国家が宗教に無遠慮に介入できる悪法を作ることも可能でした。

しかし、この国家主義が誤りであり、国家の主権は国民にあることが明瞭となった戦後では、戦前までは「公事」と「私事」以外には認められていなかった「二元論的理解」が廃棄され、人々が自由な意思で参加する「公共の事柄」が国家・社会にとって公益をもたらす必要不可欠な機能であることが明らかにされ、「三元論的理解」が普及しました。このような「公共哲学」（public philosophy）が今日では盛んとなっています。法体制の上でも、「宗教団体法」に代わって「宗教法人法」（一九五一年公布）が施行されるようになり、宗教が決して「私事」ではなく、もちろん「公事」でもなく、むしろ「公共の事柄」（パブリックな事柄）と見なされるようになりました。つまり、宗教はＮＧＯやＮＰＯやさまざまな公益団体のように、国家・社会が国家・社会として存続するために必要不可欠な「機能」の一つであると考えられるようになりました。

もちろん、わたしたちの考え方は、宗教（特に教会）は単なるＮＧＯやＮＰＯやさまざまな公益団体以上に、さらには、大学やさまざまな研究機関以上に、国家・社会が健全となるために枢要な機能を有するという考え方です。宗教はすべての国民が民主的で幸福な生活を営み、幸福で平和な社会秩序を建設するために益となる（ただし、害ともなり得る）ために最も重要な「公共の事柄」の一つと見なされ、公共の安寧と福祉に反しない限り、国家が心して守るべきものです。ことにキリスト教の果たしている見えない役割ははなはだ大きいと考えます。「信教の自由」は「政教分離の原則」と共に完全に認められなければなりません（もちろん、信じない自由も保障されています）。それは「思想・良心の自由」「集会・結社の自由」「学問の自由」などとともに、「精神的自由」として国家が保護すべき最も基本的な人権であり、国家・社会の健全な発展のために最も重要なものの一つです。

「オウム真理教事件」をきっかけに、一九九五年に「宗教法人法」の一部が大幅に改正され、所轄官庁（国家）は宗教法人の事業の停止、認証の取り消し、解散命令などが出せるようになりました（同法、七九―八一条）。しかし、このような改正がある種の国家主義的傾向の影響を受け、国家の介入にますます拍車がかかる「改悪」とならないよう、注意しなければなりません。もちろん、宗教団体自身が社会に害毒を流さないよう自戒しなければならないことは当然です。

(31) 石原謙『キリスト教の展開――ヨーロッパ・キリスト教史　下』(岩波書店、一九七二年、六三頁)。

(32) Vgl. A. v. Harnack, Grundriß der Dogmengeschichte, 6. Aufl., 1922, S. 374.

(33) 以下では主として、教会が国家・社会に対して「神の国」の福音を証しする課題や、キリスト者が(時には非キリスト者と一緒になって)共同でする証しについて考えられています。もちろん、一般のキリスト者もまた、神の愛と歴史の真の目的や終わりがあることを証しすることができます。そしてそれ以上に、毎日の家庭生活、職業生活、社会生活の中で、個人の救い、すなわち、「罪と罪の赦し」の福音を証しすることができます。信徒が週日の生活の中で、言葉と行いと生活全体を通して為すキリストの十字架と復活の証しは、福音伝道のために絶大な意義を有します。しかし、これらのキリスト者一人ひとりが隣人に対してする証しや伝道については、本シリーズ第3巻第3章第3節第4項で主題的に考察します。

(34) マックス・ウェーバー『職業としての政治』(中山元訳、日経BP社、二〇〇九年)参照。

(35) 聖書に関しては、二つだけ顕著な聖句をあげておきます。ダニ四・二七以下と黙一三・一以下です。

(36) なお、そのようなとき、説教が単に教会を形成するだけでなく、さらにその教会が建っている国家・社会をも時代の悪やサタンの攻撃から守るべきことにつきましては、ぜひ前注29を参照ください。

(37) 申すまでもないことですが、この場合の「信仰」とは、いわゆる「信条」の細目のことではなく、「信仰告白」の根幹をなす部分、例えば神の存在や「基本信条」に表明されている「キリスト告白」のような、教会の存立の根幹に関わる部分のことです。

(38) 戦中の日本基督教団は、この点において、残念ながら全体的には正しい歩みを貫くことができなかったことについては、既に述べました(本シリーズ第1巻第2章第4節第4項(b)参照)。教団は一九六七年にそのことを反省し、鈴木正久議長名でいわゆる「戦争責任告白」を発表しました。ただし、この鈴木議長名の「戦争責任告白」には垂直的次元への言及(神への罪責告白)が稀薄であり、アジア諸国の人々に対する謝罪という面が前面に突出しているので、発表されるや否や、多くの人々から批判を受けました(湯川文人代表他二五名「教団の現状を憂い鈴木議長に要望する書」(一九六七年五月)。『日本基督教団資料集　第四巻』第五編、日本基督教教団出版局、一九九八年、三四一頁など)。例えば、十戒の第一戒を犯した罪の告白はすっぽり抜けています。神に対する罪責告白としては不十分なものと言われても仕方がありません（ダニ九・四以下のダニエルの祈り参照）。とはいえ、教団がこのような告白を日本の他のどこよりも先に出したことは、決して否定的に評価されるべきことではありません。教団史の中で、正当に位置づけられるべきことです。

（39）文語訳では、「御心が天になるごとく、地にも為させ給え」となって、動詞を変えて訳しています。原文通りに訳せば、「地にも成らせ給え」でなければなりません。「為させ給え」ですと、「わたしたちがするように仕向けてください」という使役の意味になりますから、自分たちがただ傍観者のように怠惰になるのではなく、あなたの御心通りに主体的に行動させてくださいという意味を強調する訳し方です。しかし、そのような心配は杞憂と思われます。

（40）『ハイデルベルク信仰問答』（竹森訳）問二七より引用。

（41）「主の祈り」の後半の三つの祈り、「わたしたちに必要な糧をお与えください」と「わたしたちの罪をお赦しください」と「わたしたちを誘惑に遭わせず、悪からお救いください」の祈りは、まさにそのような意味で、歴史の中を福音の証人として生きるキリスト者に必要な装備と赦しと守りを祈る祈りです。これらについて、ここで具体的にその意味を考えることはできます（この三つの祈りは皆接続詞「と」で結ばれていて、一まとまりで考えられます）。しかし、ここは「主の祈り」の研究が主題ではありませんので、割愛させていただきます。

（42）『ハイデルベルク信仰問答』（竹森訳）問二八より引用。

（43）近代の神学で言うならば、E・トレルチの『歴史主義とその諸問題』（E. Troeltsch, Der Historismus und seine Probleme（邦訳「歴史主義とその諸問題（下）」『トレルチ著作集　第六巻』［近藤勝彦訳、ヨルダン社、一九八八年］）は明らかにそのための予備的考察だったと言えましょう（近藤勝彦はそのように評価しています。近藤勝彦『トレルチ研究下』［教文館、一九九六年］二一一頁他参照）。その他、R・ニーバー、W・パネンベルクなどもそれぞれの歴史神学を構想しています。今日の日本において歴史神学を展開した人としては、上掲の近藤勝彦の他、大木英夫が挙げられます。大木英夫『新しい共同体の倫理学――基礎論』（上下巻、教文館、一九九四年）はその記念碑的労作です。

（44）Augustinus, Civ. Dei, I, 1.

（45）実際に、アウグスティヌス（三五四―四三〇）以降のキリスト教会は「地の国」であるローマ帝国と蛮族たちに勝利し、いわゆる「キリスト教的ヨーロッパ」（corpus Christianum）を形成することができました。その背後には、アウグスティヌスの歴史神学的方向づけも大きな意味はあったでしょう。しかし、惜しむらくは、カトリック教会はそれに満足してしまいました。わたしたちが本シリーズ第1巻で述べましたように、それが最善であったとは決して言えません。しかしそれはアウグスティヌスの責任外のことです（なお、第2章注23参照）。

（46）大木英夫は、わたしたちと同じ問題意識に立ちながら、幾分異なった捉え方に立ち、近代を「世界の歴史化」の時代として説明しています（前掲書上、四六頁以下）。すなわち、人間的存在や人間社会が「自由」を自覚することによって「自然」としての宇宙（コスモス）が「歴史」としての宇宙（「世」、セクルム）に変化したと述べ、その四つの特徴として、「工業化」「都市化」「民主化」「情報化」を挙げています（前掲書、五五頁以下）。大変興味深い、示唆に富んだ見解と思います。たしかに、「春夏秋冬」というような恒常的なパターンの繰り返しとしての「自然」（創八・二二参照）が「コスモス」（cosmos）であるとするならば、人間の歴史は「世代」（saecrum）の交替の繰り返しであり、終末に向かっているという点は、全くその通りだと考えます。ただし、大木は「近代」という言葉で、中世的コルプス・クリスチアーヌムの崩壊から情報化やグローバリゼーションが始まった一九七〇年代以降、新自由主義の導入による格差社会が一般的となった現代までを一括して捉え、その中で「近代の行きづまり」を考えているようです。「後・近代」という時代状況を認める考え方をあまり評価していません。その点がわたしたちと異なります。

（47）今日、邦語の研究文献としては、たとえば月本昭男『創世記注解1　一章一節―一一章二六節』（日本基督教団出版局、一九九六年）の他、同氏の『創世記』（岩波書店、一九九九年）など、優れたものがあります。

（48）いささか私事にわたりますが、わたし（著者）は今から五四年前の、いわゆる六〇年安保の年に大学生になりました。樺美智子さんが警官に棍棒で殴られて死んだ事件が起こった年です。わたしが入っていたYMCAの寮でも、寮生の一人が国会デモで警官に頭を殴られて人事不肖に陥った事件が起き、徹夜で看病したことがあり、わたしはひしひしと、「歴史の激動」を感じたことでした。といっても、日本の歴史はそれによってほんのわずかでも前進することはできませんでしたが。その時からいつも考えてきたことは、ただ「神の言葉」だけが、この世界とわたしたちの日本に、真の平安と変革を与え得るということです。

われわれの日本基督教団も、一九六〇年代の終わり頃から、世界的な学生運動の大波によって、まるで嵐に翻弄された小舟のような「激動」を経験しました。当時の若者たちは、神の言葉によってではなく、自分たち人間の手で「歴史」を変え得ると信じ、「革命」を信じていました。結果的には、誤った道を突き進み、大切な人生の大半を棒に振った者が多く出ました。その大波が教会にも押し寄せ、神の言葉よりもマルクス主義の図式による社会分析の言葉が、あたかも教会の言葉でもあるかのように通用し、日本基督教団内に激震が走りました。

このことにつきましては、教団はやはり深く反省すべきだと考えます。一九七三年に起こった浅間山荘事件で、山荘に立てこもっていた若者の一人、加藤元久氏が、山荘で毛沢東とニクソンが握手しているテレビの映像を見て、初めて、自分たちのアナクロニズムを痛切に悟ったと語っています。教会は本来ならば、このような学生たちに、神の言葉によって正しく歴史を見つめ、真の終末論と神の国の福音を示すべきであったにもかかわらず、そうすることができなかったまま、今日に至っています。宣教の貧しさ以外の何ものでもなかったと考えます。

(49) 第2章注23参照。

(50) 大木英夫『現代人のユダヤ人化——現代文明論集』(白水社、一九七六年)。アウグスティヌスの『神の国』も、結局は、「世界を己の神として崇めるのではなく、これを神に関係づけ、神の作品として世界の基礎を築いた神を追求する」(De civ. Dei VII. 26［私訳］)思索である以上、「地の国」と「神の国」の永遠の対立抗争を二元論的・マニ教的に描くのではなく、地の国も新しい天と新しい地がなる時には神の都となり得る可能性を残している、と言うべきでありましょう。

(51) 加藤常昭編訳『説教黙想集成1 序論・旧約聖書』(教文館、二〇〇八年)一九六頁。

(52) 後にユダヤ教正統派はそういう方向で解釈する伝統を築いていったようです。ヘブ一一・四の背後には何らかの意味でこのような解釈的伝統があったものと思われます。

(53) もちろん、歴史的(historisch)に言えば、人類が主の名を呼ぶようになるのは正式にはアブラハムからというのが、聖書本来の立場です(創一二・八参照)。フォン・ラートは創四・二六はヤーウェ祭儀の開始を非常に古い時代にまで遡らせていて、出三・一以下や同六・二以下とは調和しない孤立した伝承であると述べています(G. von Rad, Theologie des Alten Testaments, Bd. 1, S. 193, Anm. 10)。しかし、原初史(Urgeschichte)の記者はいわゆる「歴史」を書いているつもりはないことは最初から明らかです。ただもっぱら、神と罪を犯す人間の関わりの本質的な部分における出来事(Geschichte)について、すなわち、どの人間についても、恵みの真っただ中で神に背き、原罪に苦しんでお互いを愛し合えず、憎むようになった「人間の現実」について、描いています。著者がカインとアベルの出来事の直後にこの主の名を呼ぶ人々の記事を置き、あるメッセージを伝えたいと思っていたことは十分に窺えます。

(54) 後にバベルの町を建てた人々の記事がありますが(創一一・一以下)、その目的の一つは「天にまで届く塔のある町を建て」ること、他の一つは「全地に散らされないように」することです。「散らされないようにする」という表現には、人間が孤独から逃れて巨大な都市や国家を建設し、便利で文化的な生活を築きたがる心の底にある、不安におびえる深層心理が見事な筆致で描かれています。人類の文化形成力の背後には、孤独になることへの根源的な不安や恐怖があるとヤーウィストは見ているようです。しかし都市には同時に、「都会地獄」というものもあります。アパートの隣人が飢えて死んでも、誰も何日も気付かないほどお互いに無関心になるのです。バベルの塔を築いた人々は、煉瓦という当時としては世界最高の建築材料を用い、アスファルトという、やはり世界最高レベルの建築技術で固めていますが、そのような文明(それは同時に、ヤーウィストが見ていたイスラエル王朝の繁栄でもありますが)の背後に、滅びがあることをも見ています。

(55) ホルクハイマー、アドルノ『啓蒙の弁証法——哲学的断想』(徳永恂訳、岩波文庫、一九九〇年)参照。

(56) ジョック・ヤング『排除型社会——後期近代における犯罪・雇用・差異』(青木秀男・伊藤泰郎訳、洛北出版、二〇〇七年)参照。

(57) 左近淑『低きにくだる神　現代に語り掛ける旧約聖書2』(ヨルダン社、一九八〇年)一三三頁以下。

(58) 森有正『古いものと新しいもの』(日本キリスト教団出版局、一九七五年)一六五頁以下。「例えばある学校で非常に優秀で勉強していた人が遠い異国に宣教師として行きたくなってしまう。そういう神の召しを感じる。親や親戚や友達は命がけになって反対するけれども、どうしても譲らない。そしてすべての地上の栄誉を捨てて、遠い未開の土地へ行ってしまう」(前掲書、一八二頁)。そういう「私どもの心の中の事件」(前掲書、一六六頁)について、非常に興味深く、丁寧に説明しています。アブラハムの「事件」について、彼は同じ書物の別の講演では、「内的促し」と呼んでいます(前掲書、五二、五七頁など)。

(59) ほとんどの外国語聖書もそう訳しています。三回とも、毎回のように、「あなたの」(〔ヘブライ〕カー)という強い接尾辞がついているのですから、当然です。浅見定雄は、この文章が前一〇世紀に書かれたと想定された場合のヘブライ語の音韻の数からも、三重の招きとして訳すべきだとしています（日本基督教団出版局編『説教者のための聖書講解　釈義から説教へ――創世記』〔日本基督教団出版局、一九八四年〕九二頁）。

《著者紹介》

上田光正（うえだ・みつまさ）

1942年、東京生まれ。1966年、東京神学大学大学院修士課程修了。1968年、東京大学大学院修士課程修了（哲学）。1968－1973年、ドイツ留学。神学博士号取得（組織神学）。帰国後、日本基督教団安芸教会、若草教会、美竹教会を経て、現在曳舟教会牧師。

著書 『カール・バルトの人間論』（日本基督教団出版局、1975年）、『聖書論』（日本基督教団出版局、1992年）ほか。

日本の伝道を考える 2

和解の福音

2015年5月20日　初版発行

著　者　上田光正

発行者　渡部　満

発行所　株式会社　教文館

〒104-0061　東京都中央区銀座4-5-1　電話 03(3561)5549　FAX 03(5250)5107

URL　http://www.kyobunkwan.co.jp/publishing/

印刷所　モリモト印刷株式会社

配給元　日キ販　〒162-0814　東京都新宿区新小川町 9-1

電話 03(3260)5670　FAX 03(3260)5637

ISBN978-4-7642-7394-8　　Printed in Japan